Y SĨ VIỆT NAM TẠI MONTRÉAL VÀ CANADA

LẠP CHÚC NGUYỄN HUY

Y SĨ VIỆT NAM TẠI MONTRÉAL VÀ CANADA

Médecins vietnamiens à Montréal et au Canada

Édition bilingue vietnamienne française

Nhân Ảnh 2026

Y SĨ VIỆT NAM TẠI MONTREAL
VÀ CANADA

Éditeur: Lạp Chúc Nguyễn Huy
Couverture : Uyên Nguyên Trần Triết
Mise en page : Bảo Thạch
Publié en 2026
ISBN: 979-8-2955-0811-0

TABLE DES MATIÈRES

PRÉSENTATION DU LIVRE

Le parcours vers la liberté de chaque réfugié vietnamien du communisme a traversé trois étapes:

- Vivre privé de liberté et opprimé sous un régime dictatorial,
- Survivre aux épreuves et aux dangers en fuyant par la mer,
- Et enfin, devoir s'intégrer socialement et professionnellement dans une société étrangère.

Grâce au courage et à la détermination des réfugiés vietnamiens, cette quête de liberté prend la forme d'une épopée héroïque pour des millions de Vietnamiens à travers le monde. Les deux premières étapes de cette épopée ayant déjà été largement documentées dans de nombreux livres et récits, cet ouvrage se consacre uniquement à la dernière étape de « l'épopée » de plusieurs centaines de médecins réfugiés venus s'établir à Montréal, après avoir survécu à la faim et aux privations dans les camps de rééducation (première étape de l'épopée) et bravé les périls de la fuite par la mer (deuxième étape). Ils ont ensuite dû surmonter les défis de l'intégration sociale, professionnelle et culturelle dans la société québécoise (dernière étape). Cinquante ans après leur exil, et grâce à des témoignages authentiques qui constituent le cœur de ce livre, le parcours de ces médecins – du camp de rééducation à Montréal – est un bref segment symbolique de l'épopée historique de millions de Vietnamiens ayant fui le communisme à l'étranger.

PROLOGUE

Ils se sont connus sur les bancs des universités au Vietnam. Ils ont combattu ensemble au front. Plusieurs d'entre eux ont survécu ensemble aux camps de rééducation et de réfugiés. Arrivés sur une terre I, ils se sont regroupés pour s'entraider et pour réintégrer leur profession.

De leur complicité exceptionnelle et de leur code de conduite de l'intelligentsia vietnamienne, adoptés par d'éminents fondateurs, est née une association unique qui perdure plus de cinquante ans après, l'Association des médecins vietnamiens au Canada.

Une fois leur statut regagné et leur intégration réussie, ils ne se sont pas contentés de dormir sur leurs lauriers. Chacun à son tour, sans concertation avec les autres, s'est mis à redonner à leur communauté. Qui les oblige à se lancer sur la Mer de l'Est pour secourir les boat people ? Qui les oblige à fonder une école de langue vietnamienne pour préserver leur langue et leur culture ? Qui leur demande de collecter des fonds annuellement pour aider les vétérans au Vietnam ? Qui les force à organiser année après année des journées d'information médicale pour les membres de la communauté ? Qui leur demande de présider la communauté vietnamienne à Montréal ? Qui leur suggère de construire des monuments commémoratifs pour les réfugiés vietnamiens au Canada ? Chacun d'eux a posé une petite pierre sans s'apercevoir de l'héritage considérable qu'ils ont bâti ensemble.

Leur association prestigieuse est devenue au fil des ans un des principaux piliers de la communauté vietnamienne de Montréal, grâce à la conscience sociale et au leadership de ses membres. Ils ont pour ainsi dire perpétué le vivre-ensemble de la république du Vietnam (VNCH) cinquante ans après sur la terre d'exil.

Leurs enfants ont poussé plus loin dans l'intégration et sont devenus des leaders médicaux respectés au Québec. Mais sauront-ils trouver une complicité pour s'assembler et perpétuer la tradition de leurs parents ?

Ce livre retrace l'historique de cette association unique, qui espérons-le sera une référence pour de futures générations vieto- québécoises soucieuses de leur identité.

Dương Đình Huy

INTRODUCTION

Pour commémorer les 50 ans d'exil, nous avons réalisé:

- Le livre « *Văn nhân Việt Montreal* » (Les Lettrés vietnamiens de Montréal), puis collaboré avec l'Association des enseignants du Québec pour organiser un festin du printemps et honorer des écrivains, poètes et chercheurs, tels que Song Thao, Nguyễn Văn Lục, Trang Châu, Sỏi Ngọc...

- L'édification d'un monument culturel (actuellement situé au siège de la Communauté Vietnamienne Nationaliste du Québec à Montréal) comprenant environ 200 œuvres de 33 lettrés vieto-montréalais.

- Le livre bilingue « Montréal, *Bản hùng ca của người Việt quốc gia, L'épopée des réfugiés* vietnamiens nationalistes » pour servir d'héritage aux descendants, afin qu'ils sachent ce que les Vietnamiens réfugiés du communisme ont contribué à la Communauté et à leur nouvelle patrie.

Lorsque nous avons voulu compiler un livre sur les associations vietnamiennes à Montréal (il y en a environ 30), hélas! les difficultés étaient grandes, car, « *Le chemin est ardu… ardu parce que personne ne veut parler* ». Puis, un jour, un jeune médecin m'a demandé d'interviewer un médecin de première génération pour présenter l'Association des médecins ; si ce médecin plus âgé était une figure emblématique dans le journalisme et la littérature, il ne voulait pas écrire sur l'Association comme pour se vanter lui-même. Après avoir « *diagnostiqué la pathologie* » de ce médecin, l'enseignant que je suis a proposé d'écrire un petit livre pour présenter l'Association des médecins avec la collaboration de plusieurs médecins familiers au sein de l'Association.

Pourquoi ma plume est-elle honorée d'écrire sur l'Association des médecins ?

L'Association des médecins est la plus ancienne association à Montréal, commençant à se former dès 1975. C'est une association qui s'est constituée très tôt et ses membres sont considérés comme très soudés, unanimes à maintenir leurs positions. L'Association est aussi un pilier qui soutient complètement la position nationaliste de la communauté des Vietnamiens réfugiés. De nombreux médecins ont d'ailleurs assumé des responsabilités importantes au sein de la communauté vietnamienne nationaliste, à Montréal, à Ottawa, à Calgary, à Vancouver… Aujourd'hui, bien que de nombreux membres aient dépassé l'âge de « *la rare longévité* » ou soient retraités, ils restent actifs, paient leur cotisation, encouragent les jeunes médecins à rejoindre l'Association, lui insufflant une vitalité durable.

L'Association des médecins a un beau but et une tradition à transmettre aux générations futures. Le but, la tradition et la relève des membres sont les conditions de pérennité pour toute association. L'Association des médecins est en outre favorisée par les universités québécoises qui sélectionnent chaque année des étudiants excellents (crème de la crème) pour en devenir membres.

Ce qui est plaisant en écrivant sur l'Association des médecins, c'est que l'auteur perçoit quelques points communs avec de nombreux médecins, par exemple l'enseignement, la recherche (Drs Caroline Quach-Thanh, Cẩm-Tú Émilie Nguyễn), l'écriture littéraire (Drs Trang Châu, Tôn Kàn...), le journalisme (Dr Nguyễn Thanh Bình, Thân Trọng An).

Concernant le contenu du livre, l'objectif initial, selon l'avis du Dr Dương Đình Huy, était de présenter l'Association des médecins ainsi que quelques autres associations. Après avoir bénéficié de la collaboration enthousiaste de nombreux médecins, notamment du Dr Thân Trọng An, l'ouvrage s'est transformé en un recueil de témoignages vivants et authentiques. Bien que concis, il représente un document extrêmement rare dans l'épopée de la communauté vietnamienne réfugiée du communisme après le 30 avril 1975. Ce parcours revêt des allures d'« *épopée héroïque* » pour ces médecins vietnamiens réfugiés. Le livre relate la dernière phase d'épopée durant les 50 années vécues par les médecins réfugiés à Montréal et son contenu est structuré autour des cinq points centraux suivants:

1. La colonne vertébrale de l'Association: Le volet formation pour aider les médecins à retrouver leur profession, formant le noyau dur de l'Association; le volet formation postuniversitaire pour perfectionner l'expertise médicale (Chapitres 1 et 2).

2. Le volet information: Avec la Revue des Médecins comme porte-parole de l'Association et reflet de la vie intellectuelle de ses membres (Chapitre 3).

3. L'épanouissement après l'intégration: Une fois l'intégration sociale et professionnelle accomplie, l'Association rayonne grâce aux médecins leaders et chercheurs (Chapitre 4).

4. Activités marquantes:

o Le médecin de la « Journée de la Santé »: Dr Đặng Phú Ân (Chapitre 5)

o Le médecin sur la mer de l'Est: Dr Trang Châu (Chapitre 6)

o Les médecins-écrivains et poètes: Dr Thân Trọng An, Nguyễn Thanh Bình, Từ Uyên... (Chapitre 7)

o Le médecin-enseignant: Lại Thế Hưng (Chapitre 8)

5. L'Association se raconte:

o Récits en marge (Conclusion 1)

o Récits de médecins refugiés du communisme: Dr Dương Đình Huy et Cấn Thị Bích Ngọc (Conclusion 2)

o Le récit de gratitude: L'Association remercie le Canada et le Québec (Conclusion 3)

Concernant la documentation, bien que je sois un enseignant, j'ose accepter d'écrire ce livre sur l'Association des médecins, car j'ai la promesse de collaboration, d'avis et de documents de trois médecins: Thân Trọng An, Đặng Phú Ân et Dương Đình Huy, qui ont vécu au sein de l'Association depuis longtemps.

Chaque association est une petite maison construite autour de la grande maison qu'est la Communauté vietnamienne nationaliste du Québec à Montréal. Nous, les quatre collaborateurs, avons procédé comme suit en écrivant sur l'Association des médecins vietnamiens au Canada.

La personne qui a suggéré l'idée du livre et qui m'a en même temps ouvert la porte de la maison de l'Association des médecins vietnamiens au Canada est le Dr Dương Đình Huy. Heureusement pour nous, ce jeune médecin vietomontréalais donne son avis, critique franchement, dans le style propre à ceux formés en Occident.

Si l'on demande quel médecin chaque réfugié vietnamien connaît, c'est le Dr Đặng Phú Ân, l'âme de la Journée de la Santé et celui qui a servi l'Association depuis très longtemps.

La plupart des documents d'« *histoire officielle* » et *d'« histoire non officielle* » (anecdotes) de l'Association proviennent du Dr Thân Trọng An.

Enfin, l'enseignant que je suis, a assumé le rôle d'organiser la documentation en 8 chapitres du livre, puis de la traduire en français. Ensuite, la version traduite en français, révisée par le docteur Dương Đình Huy, permettra aux jeunes générations de le comprendre facilement. Cela signifie que la version vietnamienne est pour le présent, et la version française pour l'avenir.

Notes

1. Majuscules : pour les noms propres et la première lettre des noms d'organisations longs, par exemple: *Association des médecins vietnamiens au Canada.*

2. Photos : Dr Trần Văn Cương et Congrès Canada Convention 97.

3. Traduction des dictons et adages : Dr Thân Trọng An.

Chapitre 1
AMVNC

(Association des médecins Viet Nam au Canada)

Depuis 1975, l'Association des médecins vietnamiens au Canada a connu deux phases de formation:

- La phase de désarroi
- La phase d'établissement et de prospérité.

1. Phase de désarroi et d'incertitude

Après le 30 avril 1975, environ 60 médecins, ayant eu la chance de s'enfuir, ont été emmenés et installés à Montréal. En juin 1975, ces médecins se sont réunis à l'hôtel Queen pour discuter de la création d'un Comité représentatif des médecins vietnamiens au Canada, avec les objectifs suivants:

- Établir un Comité représentatif des médecins vietnamiens au Canada pour militer et trouver des moyens de retourner à la pratique médicale.

- Rencontrer le ministère de l'Immigration du Québec, la Corporation devenue plus tard Collège des Médecins du Québec, les Universités.
- Demander des cours de préparation aux examens, étudier les procédures pour obtenir des postes d'internat dans les hôpitaux afin de pouvoir reprendre leur profession[1].
- Aider les confrères arrivant après eux.

Après la réunion à l'hôtel Queen, les médecins ont formé un groupe pour mener des actions de lobbying auprès du ministère de l'Immigration du Québec, du Collège des médecins du Québec et des Universités. Le résultat de ces démarches a été l'obtention de cours de préparation aux examens et de postes d'internat dans les hôpitaux.

En mai 1976, la Corporation des médecins du Québec a organisé le premier examen pour les médecins vietnamiens réfugiés, avec 36 médecins reçus, en attente de postes d'internat: 3 personnes détenaient l'ECFMG des États-Unis avant 1975 et 9 venaient de réussir le dernier examen.

- En juillet 1976, 32 personnes ont été acceptées comme internes à Montréal (17), Sherbrooke (5), Québec (10).

Au cours de cette période d'inquiétude et de confusion,

---

1. il faut être interne d'abord puis après l'avoir complété avec succès, si on veut devenir spécialiste, on peut appliquer pour une résidence)

les premiers médecins à apporter leur contribution furent : Dr Dương Đình Tuân, Lâm Văn Thạch, Phạm Hữu Trác, Trần Văn Kim, Trần Văn Dũng, Hồ Quang Nhân, Lê Thành Ý, Nguyễn Hữu Tùng.

Premier comité consultatif

Comité consultatif: Dr Đào Đức Hoành, Nguyễn Nhiệm, Hoàng Ngọc Đính, Nguyễn Thế Huy
Contrôle financier: Dr Lê Lữ, Hồ Thị Hường (26 ans), Lê Thành Ý (20 ans)

Premier bulletin:

- Bulletin interne de l'Amicale des médecins vietnamiens au Canada N°1, 7/1976
- Période de plus grande diffusion du bulletin: 1986-1997: plus de 1500 exemplaires envoyés dans le monde entier.
- 11/2025: environ 350 numéros

La première pierre

Première réussite des médecins vietnamiens au Canada en 1976:

- 60 médecins réussissent l'examen d'équivalence du Québec.

- 6 médecins terminent leur internat:

- Dr Lê Dư Khương
- Dr Lưu Thế Tế
- Dr Lưu Thanh Vũ Nguyễn Đình Hào

- Dr Nguyễn Lương Tuyền
- Dr Nguyễn Thế Huy

Le Volet Formation

Le rôle du **Volet Formation** est d'une importance capitale, constituant la colonne vertébrale qui a permis à l'Association de se former et de perdurer.

Objectifs

Au début de l'arrivée des réfugiés (1975-1990), le **Volet Formation** a aidé:

- Les nouveaux médecins arrivants à étudier et se préparer aux examens d'entrée en résidence.
- À la solidarité et l'entraide pour aider les confrères à reprendre leur profession (création de groupes d'étude et fourniture de documents, livres d'étude, tests d'entraînement, conseils et instructions sur les procédures d'examen de la Corporation des médecins du Québec).

Médecins responsables: Chef de Secteur & Commissaires.

Le travail principal des commissaires et du chef de secteur était de s'entraider pour retourner à la pratique médicale en:

- Stimulant l'apprentissage collaboratif en partageant des « sujets probables », des questionnaires, des ouvrages précieux et des ressources utiles.
- Organisant des sessions de préparation aux

examens (invitant/ demandant à *«ceux qui ont réussi»* de donner des conférences, ouvrant des classes, des sessions pratiques (dans des résidences privées, des déplacements à Québec, ou dans des cliniques privées, au siège de l'HYS rue Victoria...).

- Intervenant activement auprès du Collège des médecins du Québec (Drs Hồng, Thạch, Trác, An) et des gouvernements du Canada (fédéral) et du Québec (provincial) (Dr Thạch étant le plus actif).
- Demandant des postes de résidence, de pré résidence (subir des évaluations), demandant des quotas supplémentaires.

Commissaires responsables: Dr Từ Uyên, Lý Hồng Sen, Nguyễn Thế Minh, Vũ Ngọc Điển, Lê Đức Tâm, Lê Văn Long ...

Chef du **Volet Formation**: Le rôle le plus marquant est celui du chef du **Volet Formation**, le Dr Đặng Phú Ân (28 ans à ce titre) de 1997 à aujourd'hui, avec, entre autres, les activités suivantes:

- Sollicitation de soutien financier pour les classes et le Congrès annuel.
- Collaboration avec le Comité de Rédaction du TSYS pour diffuser des articles de recherche.

Grâce au travail actif du **Volet Formation**, la majorité des membres ont pu retourner à l'exercice de la médecine et le nombre de membres a régulièrement augmenté, passant de 81 (7/1976) à 90 (3/1977), 145 (11/1979), environ 300 (11/1982).

Amicale des médecins vietnamiens au Canada

C'est la première appellation figurant sur le bulletin interne numéro 1 de juillet 1976.

Objectifs:

- Rassembler les médecins vietnamiens vivant au Canada pour
- développer l'entraide et la solidarité dans les domaines professionnels, culturels et sociaux.
- développer l'amitié entre les membres, avec leurs compatriotes et les confrères non membres partageant les mêmes principes.

Principes: Liberté et Humanité

Règlements et Statuts

- Projet en novembre 1977, officialisation en février 1978 (Président: Dr Hồng)
- Première modification: 15/10/90 (Président: Dr Trác)
- Deuxième révision importante soumise par un Comité d'étude le 21 octobre 2007 (président : Dr Ngọc).
- Troisième modification mineure, lors de l'Assemblée générale du 28/10/2017: le mandat du Président et du Comité exécutif passe de 2 à 3 ans (Président: Dr Trâm Anh).

Comité représentatif (21/6/1976)

- Président: Dr Nguyễn Tấn Hồng, (après 1980,

l'appellation devient président de l'Association)

- Vice-Président Affaires internes: Dr Phạm Vận,
- Vice-Président Affaires Externes: Dr Nguyễn Văn Huệ,
- Secrétaire général: Dr Nguyễn Hữu Tùng,
- Trésorier: Dr Nguyễn Đức Quảng,
- Seulement 2 Comités: Études et Journal & Activités.
- Premiers commissaires: Drs Từ Uyên (Études), Lê Văn Châu, Lê Thành Ý, Lý Hồng Sen, Mạc Văn Trọng (Journal & Activités)

Le soupir

Après 50 ans d'exil, en repensant aujourd'hui à l'épopée de plusieurs centaines de médecins réfugiés du communisme venus s'établir à Montréal, chacun reconnaît le rôle du Volet formation, qui a aidé ces centaines de médecins à traverser avec succès la dernière étape de cette épopée. Cependant, dans cette épopée glorieuse résonne encore, ici et là, le soupir de quelques dizaines de médecins qui n'ont pu reprendre leur ancienne profession pour diverses raisons, notamment en raison de leur âge.

2. Phase d'établissement et de prospérité

La phase d'établissement est marquée par la naissance de l'Association des médecins Viet Nam au Canada. L'Association avait désormais une colonne vertébrale droite, des bases solides et sa dénomination officielle, l'Association des médecins Viet Nam au Canada, a été reconnue par la province de Québec (Lettres patentes) le 30 mars 1979 et paie des impôts annuels.

Liste des présidents

1975-1982: Dr Nguyễn Tấn Hồng

1982-1989: Dr Lâm Văn Thạch

1989-1992: Dr Phạm Hữu Trác

1992-1997: Dr Thân Trọng An (Premier président à voir son mandat prolongé d'un an)

1997-2001: Dr Nguyễn Thanh Bình

2001-2005: Dr Trần Đình Thắng, Dr Đặng Đình Quảng (dernier mois, car le président élu est devenu président de la Communauté)

2005-2009: Dr Đào Bá Ngọc

2009-2015: Dr Lê Quang Tiến (mandat prolongé d'un terme de 2 ans)

2015 à aujourd'hui: Dr Nguyễn Hữu Trâm Anh (mandat prolongé pour deux termes)

Les trésoriers

Dr Nguyễn Đức Quảng, 7 ans

Dr Mạc Văn Phước, 7 ans

Dr Phan Văn Thành, 8 ans

Dr Nguyễn Ngọc Tân, actuellement 28 ans

Levée de fonds pour l'Association

- Comité d'Organisation du Congrès mondial des médecins Vietnamiens Diaspora à Montréal en 1997
- Dr Lê Thị Quí, Dr Lê Phước Hoàng, Dr Nguyễn Hữu Trâm Anh
- Dr Đặng Phú Ân a imaginé intégrer après une *«session de formation médicale»* les activités et les Congrès annuels pour obtenir des subventions de manière raisonnable et légale, économisant ainsi des ressources financières et du temps pour l'Association et ses membres.

Le président fondateur
Nguyễn Tấn Hồng

Le 2e président
Lâm Văn Thạch

Le 3e président
Phạm Hữu Trác

Le 4e Thân Trọng An et
Le 5e Nguyễn Thanh Bình

Le 6e Trần Đình Thắng

Le 7e Đào Bá Ngọc

Le 8e Lê Quang Tiến

Personnages mémorables

Dr Nguyễn Tấn Hồng: président fondateur

Il était anciennement lieutenant-colonel médecin en chef de l'Armée de l'Air de la République du Vietnam Sud. Lorsque le commandant de l'Armée de l'Air est devenu «*premier ministre*», il a été nommé ministre de la Jeunesse. Il était très éloquent, d'un comportement souple et flexible, aimé et respecté de tous. Il était aussi très intelligent et diplomate, résolvant facilement les impasses de la vie. De plus, il excellait en administration et méthodes de travail grâce à son expérience dans la gestion du service de santé de l'Armée de l'Air et de la machine gouvernementale de la République du Vietnam. C'est pourquoi les médecins désemparés et perdus à leur arrivée l'ont unanimement élu pour diriger les efforts visant à retrouver leur profession.

Après 7 ans à assumer cette lourde responsabilité, il a cédé la présidence à son adjoint, le lieutenant-colonel médecin Lâm Văn Thạch.

Le docteur Phạm Hữu Trác,

Dr Phạm Hữu Trác, a brillamment orchestré la première conférence internationale des médecins réfugiés à Montréal en juillet 1987. Cette rencontre a abouti à la création de l'Association Internationale des médecins Vietnamiens du Monde Libre en 1991, à Paris. En 1995, toutes les professions de santé se sont regroupées pour former l'Association Internationale des Médecins-Dentistes-Pharmaciens Vietnamiens du Monde Libre avec le Dr Nguyễn Xuân Ngãi (San Jose) comme premier président et le Dr Thân Trọng An comme deuxième président. En 1997, le Dr Thân Trọng An a réformé l'organisation lors du 2e congrès; ces réformes sont toujours appliquées aujourd'hui.

Dr Nguyễn Hữu Trâm Anh: 9e présidente en exercice

Elle est la plus jeune et la première femme à ce poste. C'est une médecin anesthésiste talentueuse et professeure agrégée de la Faculté de Médecine de Montréal. Lorsque le 8e président, le docteur Lê Quang Tiến, a terminé son deuxième mandat et que tout le comité exécutif l'a prié de le remplacer, elle a aimablement refusé. C'est seulement lorsque le Dr Tiến ait convaincu par téléphone son époux, le Dr Dương Đình Huy, qu'elle accepte. Elle honore ainsi la tradition, illustrée par un dicton vietnamien qui dit:

Thuận vợ thuận chồng,
tát biển đông cũng cạn.

Mari et femme unis
mer de l'Est désemplie,

Dr Nguyễn Hữu Trâm Anh, la plus jeune présidente de l'Association, a accepté une modification mineure des Statuts et Règlements lors de l'Assemblée générale annuelle de 2017 concernant la durée du mandat.

Elle est actuelle présidente du Comité exécutif de l'Association Mondiale des médecins, conférencière sur de nombreux sujets médicaux en Amérique du Nord, chef de la Clinique des Douleurs du Département d'anesthésie à l'Hôpital Maisonneuve-Rosemont.

Elle est devenue célèbre lorsque Radio Canada a diffusé le reportage sur la *«Première greffe de visage au monde»* à Montréal, mettant en valeur la médecine canadienne, étant le médecin-chef de l'équipe d'anesthésie lors de cette opération.

Hommage aux membres méritants

La 9e Présidente, Dr Trâm Anh, remet des Plaques de reconnaissance aux anciens présidents: le 5e, Dr Nguyễn Thanh Bình, le 7e, Dr Đào Bá Ngọc, et le 8e, Dr Lê Quang Tiến. Le 6e président, Dr Trần Đình Thắng, étant retenu et ne pouvant y assister, sa plaque lui sera remise plus tard par un ami proche.

Avec Dr Bình

Avec Dr Ngọc

Dr Trâm Anh avec Tiến

Avec Dr Hồ Thị Hường

Avec Dr Lê Thành Ý

VP Bảo et Trésorier Tân

Les deux Vice-Présidents
Đỗ Quốc Bảo et Trần Văn Dũng

Docteur Trần Đình Thắng

Le Docteur Trần Đình Thắng, sixième Président de l'Association, est une personne dévouée, généreuse et visionnaire. Il travaille avec une grande prudence, ayant toujours un « *plan B* » en réserve pour parer à toute éventualité. Très direct, mais aussi habile et généreux, il a souvent utilisé ses fonds personnels pour se rendre aux États-Unis afin de régler les affaires de l'Association, et ce, toujours avec une grande efficacité. Lorsqu'il a vu que la Communauté des Vietnamiens du Monde (CĐNVQGVM) rencontrait des problèmes internes, il s'est sacrifié en se portant candidat au poste de Président pour résoudre tous les différends de manière harmonieuse. Depuis qu'il se sent moins en forme, il s'est retiré, vivant presque en reclus, mais continue de payer sa cotisation annuelle.

Docteur Đặng Đình Quảng

Le Dr Đặng Đình Quảng est une figure silencieusement méritante au sein de l'Association. Il a été Vice-président chargé des Affaires internes, puis a occupé le poste de « l'unique Président par intérim » pendant un mois lorsque le sixième Président, le Dr Trần Đình Thắng, s'est porté volontaire pour devenir Président du Comité Exécutif de la CĐNVQGVM afin de résoudre l'impasse. Il convient de mentionner ses talents d'orateur lorsqu'il assure le rôle de maître de cérémonie, et surtout, de louer sa voix séduisante lorsqu'il chante.

Dr Lê Thị Quí

Elle a été une collaboratrice éminente, dévouée et passionnée, particulièrement durant les deux décennies 1990 et 2000, lorsqu'elle a occupé les postes de membre et de vice-présidente chargée des Relations extérieures, en se distinguant par les qualités mémorables suivantes:

- Elle a fait preuve d'un grand charme et d'une excellence remarquable en tant que porte-parole lors de la cérémonie d'ouverture du IIe Congrès mondial des médecins, dentistes et pharmaciens organisé à Montréal en 1997, contribuant au succès éclatant de l'événement.
- Elle a habilement établi et entretenu d'excellentes relations avec le Collège des médecins du Québec dans toutes ses interactions, et a négocié avec les compagnies de voyage, aidant ainsi ses confrères et consœurs à acquérir des billets d'avion à des tarifs avantageux pour participer aux Congrès internationaux.
- Elle a activement contribué au sein du Comité de Formation, en coordonnant de nombreuses sessions de Formation Post-Universitaire, et en donnant des conférences lors de la Journée de la Santé.

Bien qu'elle n'ait pas accepté le plus haut poste de direction, elle était toujours présente, dévouée, animée d'un noble esprit de service qui a contribué à consolider le développement de l'Association

Dr Lê Quang Tiến: La Fraternité d'Armes

Un fait que tout le monde connaît, mais qui est rarement écrit est le travail de gratitude envers les vétérans handicapés de la République du Sud Vietnam (VNCH). Chaque année, à l'occasion de nombreuses fêtes ou réceptions importantes, une collecte de fonds est organisée pour envoyer de l'aide aux vétérans handicapés dans le pays.

Le Dr Lê Quang Tiến, ancien parachutiste, 8e président de l'AMVNC, puis président de l'Association des Parachutistes pendant de nombreux mandats, a promu ce travail de manière constante depuis plus de 30 ans, et a reçu un accueil enthousiaste.

Dr Nguyễn Ngọc Tân

Le trésorier chevronné Nguyễn Ngọc Tân, en poste depuis 28 ans (un record de longévité), est très efficace pour rappeler aux membres de payer leur cotisation annuelle. Il demande aux gens de signer les chèques avec un tel tact que personne n'ose les oublier. Il prend également

des décisions pour réduire les dépenses de l'Association, afin que les fonds soient suffisants pour maintenir ses activités. Voici des exemples d'actions entreprises: la fermeture du siège social de la rue Victoria, la réduction de la fréquence de publication du journal (de tous les trois mois à tous les quatre mois), et un contrôle strict.

Le Dr Trần Văn Cương.

Si l'on demande quel médecin vietnamien est le plus aimé par les réfugiés, la majorité répondra: Docteur Trần Văn Cương. Après avoir accompli sa noble mission « *d'Oubli de soi pour sauver les autres* », adage du Corps Militaire de Santé, il prend son appareil photo et part « *s'Oublier pour photographier les autres* » à chaque activité de l'Association des médecins ou de la Communauté des réfugiés du communisme. Grâce à cela, les médecins ainsi que les réfugiés retrouvent parfois *"le temps perdu"* en revoyant l'instant (le temps) et la personne à leurs côtés lors du congrès (l'espace), et leurs émotions refont surface, comme l'a écrit l'écrivain français M. Proust: « *Le souvenir d'un lieu (espace) n'est que le regret d'un certain instant (temps)* » (Se souvenir d'un lieu, c'est-à-dire l'espace comme le congrès, n'est que le regret d'un certain instant, c'est-à-dire le temps, comme lorsque les médecins retrouvent leurs anciens amis).

Le Volet Formation continue (Bloc de l'Education Médicale Continue)

Après qu'un certain nombre de médecins réfugiés eurent repris l'exercice de la médecine, l'Association des médecins vietnamiens a créé un Comité d'études.

Ce comité, à l'origine était pour aider à la recertification afin d' obtenir le droit d'exercice (encore utile aux nouveaux arrivés), maintenant doit aussi couvrir le champ des nouvelles connaissances médicales reconnues mondialement, surtout appliquées en Amérique du Nord. D'où

Objectifs:

1. Mettre à jour les connaissances médicales modernes, les progrès en médecine contemporaine, maîtriser la situation sanitaire et épidémique du Québec, du Canada et d'ailleurs dans le monde avec des conférenciers incluant des professeurs réputés des Facultés de Médecine du Québec et du Canada.

2. Finaliser les démarches pour l'obtention de crédits officiels requis annuellement pour les membres, répondant aux exigences du Collège des médecins du Québec et de la F.M.O.Q., F.M.S.Q. (pour le maintien du droit d'exercice).

Responsables :

Chargés de s'en occuper sont au début les Drs Lý Hồng Sen, Từ Uyên, Lê Văn Châu, Nguyễn Hữu Tùng, Lê Thành Ý, puis plus tard les Drs Vũ Ngọc Điển, Lê Đức Tâm, Lê Văn Long, Phạm Thị Thanh Dung et depuis 1997 à aujourd'hui le Dr Đặng Phú Ân, une figure de proue.

D'autres médecins y participent activement comme adjoints ou modérateurs tels que les Drs Đỗ Duy Ân, Lê Thị Quí, Trần Văn Dũng, Kiều Khánh Giao, Đào Bá Ngọc, Phan Xuân Tuấn, Tôn Nữ Liên Chi ...

Début 1997, toutes les anciennes appellations sont regroupées sous un seul nom : **Comité** de **Formation continue (ou Bloc de l'Education Médicale Continue)**

Panel de conférenciers:

- Conférenciers des Universités de Montréal, McGill, Sherbrooke, ou américaines et spécialistes réputés

- Conférenciers vietnamiens tels que Dr Nguyễn Hữu Trâm Anh, Dr Trương Ngọc Uyên, Dr Dương Đình Huy, Dr Lê Đức Tâm, etc.

Particulièrement, en 1997, le volet Formation continue a reçu la lourde responsabilité d'organiser la partie colloque spécialisée pour le Congrès international des Médecins, Dentistes et Pharmaciens vietnamiens du monde libre. Les Drs Nguyễn Trùng Khánh et Dr Đặng Phú Ân ont été responsables de la partie Colloque médical spécialisé à Montréal (partie I) avec l'aide du Dr Soma Ganesan (vietnamien d'origine hindoue) à Vancouver (partie II). Un programme de colloque qui a attiré des milliers de participants Médecins, Dentistes et Pharmaciens du monde entier vers les villes de Montréal et Vancouver.

Photo de souvenir lors d'une scéance de formation médicale post-universitaire en mai 2025 avec le Dr Jean Pierre Raynauld, professeur de la Faculté de Médecine de Montréal, conférencier, et Dr Đặng Phú Ân, modérateur scientifique et les médecins de l'Association des médecins vietnamiens au Canada " (médecins présents : Drs Thân Trọng An, Dương Đình Huy, Dương Hồng Huy, Lê văn Châu, Lưu Thanh Phi, Trần Văn Dũng, Trần Văn Cương, Lê Thành Ý, Đào Bá Ngọc, Nguyễn ngọc Tân, Hồ Quang Nhân, Lê Thị Quí, Lê Quang Tiến, Trương Thị Kim Nhi etc...)

Contributions les plus anciennes, depuis 1975:

Dr Lê Thành Ý: Membre chargé de la presse, des activités, artiste, mise en page du TSYS.

Dr Trần Văn Dũng: Chef du comité culturel et artistique, chanteur, maître de cérémonie, organisateur d'événements.

Levée de fonds:

Les Drs Đặng Phú Ân, Nguyễn Hữu Trâm Anh, Lê Phước Hoàng, Lê Thị Quí.

La vitalité de l'Association

L'Association des médecins est l'association qui perdure le plus longtemps jusqu'à aujourd'hui grâce aux facteurs suivants:

- La **première génération**, bien que vieillissante, a établi de belles traditions (entraide, solidarité, unité, absence de luttes intestines, etc.) pour que les générations suivantes puissent suivre cet exemple.
- À partir de 2015, la jeune docteure **Nguyễn Hữu Trâm Anh** de la **deuxième génération** est devenue présidente, perpétuant ainsi le flambeau traditionnel de l'Association. À Montréal, de nombreuses associations disparaissent progressivement parce que *''Le bambou vieillit sans pousses de bambou''*.

Une nouvelle vitalité

Et il y a un événement réjouissant: lors des deux derniers Congrès annuels en 2022 et 2024, environ **20 jeunes médecins** de la deuxième génération (autour de 40 ans comme Dr Đỗ Quốc Bảo) y ont participé, certains contribuant très généreusement à la cotisation annuelle. Espérons que ces *«jeunes pousses»* apporteront une vitalité nouvelle et s'engageront bientôt à perpétuer l'esprit du Peuple Vietnamien Nationaliste de la génération aînée. Dernière minute: Cette année 2025, deux jeunes commissaires (ủy viên) s'ajoutent au Comité exécutif.

Chapitre 2
ACTIVITÉS

Une fois que les gens se sont provisoirement installés et ont recommencé à travailler, l'Association s'est attelée à organiser des activités au service de ses confrères et de ses compatriotes:

- Participation au mécanisme communautaire
- Service aux confrères et compatriotes,
- Activités avec les médecins d'ailleurs

1. Participation au mécanisme communautaire

Participation à la consolidation de la Communauté Nationaliste des Vietnamiens de la Région de Montréal (CĐNVQGVM)

Dès 1975, alors qu'ils venaient tout juste d'arriver, les médecins ont contribué à la construction de la Communauté Nationaliste des Vietnamiens de la Région de Montréal et de ses environs, comme en témoignent les postes de direction suivants:

- Direction du Conseil d'Administration: Président Dr Từ Uyên, suivi du Dr Lâm Thu Vân (qui avait auparavant été président du Comité exécutif).
- Direction du Conseil de surveillance: Dr Trần Mộng Lâm, Dr Nguyễn Như Thành, qui a assumé la lourde responsabilité de président du Conseil de Surveillance, successeur du Conseil d'Administration.
- Présidents du Comité exécutif de la CĐNVQGVM: Dr Nguyễn Quang Bình, Nguyễn Lương Tuyền, Phùng Văn Hạnh, Trần Đình Thắng, et le Dr Đào Bá Ngọc.

Dr Từ Uyên

Dr Lâm Thu Vân

Dr Trần Mộng Lâm

Dr Nguyễn Như Thành

Contributions à la Communauté vietnamienne nationaliste ailleurs

- À Ottawa: Le Dr Trần Lê Hồng Phúc assume actuellement une responsabilité importante au sein de la Fédération des Vietnamiens du Canada.
- À Calgary, le docteur Trương Hữu Độ s'est entièrement consacré à sa tâche pendant plus de 20 ans. Il s'occupe actuellement de collecter des fonds pour ériger un monument en l'honneur des réfugiés des boat-people.
- À Vancouver : Le docteur Nguyễn Quang Bình, venu de Montréal, a également occupé la présidence du Comité exécutif de la Communauté.

2. Servir les confrères et les compatriotes

Conférences médicales dans diverses institutions

A Montreal

Lieux des conférences: CLSC Côte des Neiges, St-Laurent, Hội Tuổi Vàng Rồng Vàng, SAIM, Communauté catholique vietnamienne.

Sujets abordés: Pneumonie, mal de dos, hypertension, diabète, maladies cardiovasculaires, insuffisance rénale, hypertrophie de la prostate, infections urinaires...

Conférenciers: Dr Đặng Phú Ân, Nguyễn Công Lượng, Cấn Thị Bích Ngọc, Trương Ngọc Uyên, Kiều Khánh Giao.

Discussions et réponses aux questions médicales

- Le Dr Đặng Phú Ân était responsable d'interventions

sur les ondes radiophoniques: Radio Voix du Vietnam, VOA (Voice of America), et à la télévision sur TVA (émission Echo).

- Les Drs Đặng Phú Ân, Dương Đình Huy, Cấn Thị Bích Ngọc, Trần Lê Hồng Phúc ont participé aux programmes YouTube de la Fédération des Vietnamiens du Canada, du Centre des Vietnamiens du Canada, et sur le site web Vietnam de la Communauté vietnamienne nationaliste de Montréal.
- Publication d'articles de médecine générale dans les journaux: Quốc gia, Thời báo, SAIM (Dr Đặng Phú Ân).
- Organisation de la Journée annuelle de la Santé à ville St-Laurent, au service des compatriotes depuis près de 30 ans.
- Tenue d'un Kiosque de Santé lors du Marché du Têt organisé chaque année par la Communauté vietnamienne nationaliste de la région de Montréal et ses environs.

Modalités de service envers les confrères, les compatriotes et la population canadienne

Entraide durant les difficultés initiales

- Intervention auprès de Life Line Toronto pour demander une aide financière aux confrères suivant le programme de préparation aux examens Kaplan.
- Création d'un fonds de prêt sans frais d'intérêt

pour couvrir les frais d'examen, remboursable à tout moment et exempt de toute forme de stress ou de pression en cas d'oubli.

Activités de service social à Montréal

- Comité de secours aux boat-people dans les camps de réfugiés d'Asie du Sud-Est,
- Participation au sauvetage des boat-people en mer de l'Est à bord du navire Île de Lumière (Dr Lê Văn Châu, 1988).
- Accompagnement de l'immigration au Canada
- Aide à des confrères dans des camps de réfugiés ou d'autres personnes en difficulté au Canada,
- Intervention auprès du Haut-Commissariat des Nations unies pour les réfugiés (HCR) pour aider les boat-people dans les camps de Hong Kong, Philippines, etc.
- De nombreux confrères ont offert leur temps et leurs ressources à titre personnel pour servir dans les camps de réfugiés en tant qu'interprètes, soignants, pour fournir des explications, du réconfort... ou dans le cadre du programme Life line... (Drs Đào Thị Hồng Trang, Cấn Bích Ngọc, Phạm Vũ Diệu, Nguyễn Hữu Tùng, Nguyễn Đức Đỉnh...).
- Soutien financier aux activités régulières de la Communauté, en tant qu'Association ou à titre individuel.
- Contributions au secours d'urgence (par exemple,

lors de la tempête de verglas de 1998 pour la Croix-Rouge... et lors de nombreuses autres catastrophes).

Contributions à la culture

- Contribution à la construction de monuments aux réfugiés boat-people:
    - À Ottawa (1995): L'AMVNC a lancé un appel et collecté une somme d'argent près de 10 000 cad .
    - À Mont-Royal (2021): Efforts financiers de nombreux médecins gardant l'anonymat de l'AMVNC soutenant le Comité d'organisation (Drs Dương Đình Huy, Cấn Thị Bích Ngọc).
    - À Mississauga (banlieue de Toronto) en 2019, réalisé par la Communauté.
    - À Calgary: Initiative des Drs Trương Hữu Độ & Lâm Liêu Kim, qui ont également assuré la direction du Comité d'Organisation.
- En mai 1989, le lancement d'un roman de Mai Kim Ngọc en partenariat avec PEN club Quebec rapporte des bénéfices utilisés pour aider les réfugiés vietnamiens qui tentaient de fuir leur pays par la mer. Lors de cet événement, des cadeaux et de l'argent ont également été remis directement au Comité de secours aux réfugiés, présidé par le professeur Lê Văn Mão.
- En 1990, Conférence sur un thème culturel avec PEN Québec, conférencier: Dr Trần Văn Tích, venu spécialement d'Allemagne de l'Ouest.

Ces activités ont été organisées à l'auditorium de l'Institut de musique Vincent D'Indy, invitant le public à y assister librement.

- Collaboration avec les Associations des Pharmaciens et des Dentistes pour organiser la Journée annuelle de la Santé, et le Gala de célébration du Nouvel An lunaire.
- Collaboration avec la Fédération des Vietnamiens à Ottawa: conférences médicales à la radio/télévision pour les compatriotes (Drs Đặng Phú Ân, Dương Đình Huy, Cấn Thị Bích Ngọc ...).
- Célébration du 20e anniversaire de la fondation de l'Association et remise symbolique du flambeau à un jeune médecin alors en résidence, en 1995.
- Particulièrement, durant la guerre en Ukraine contre l'envahisseur russe, le Dr Nguyễn Quang Hưng s'est porté volontaire pour y aller soigner les soldats blessés et les victimes civiles.

Activités avec les médecins internationaux

Un pont de communication à travers le monde

- Avec les médecins vietnamiens dans le monde libre.
- Et avec les dentistes et pharmaciens via les bulletins internes de l'AMVNC, le TSYS.
- Publication de l'annuaire des médecins vietnamiens d'outre-mer (1989, 1991, 1993, 1995, 1997, 2002, 2008).

- Congrès annuel et élections régulières, à l'exception d'une interruption de 2 ans due au COVID-19, retour à la normale en 2022, 2024 et 2025.
- Gala du Nouvel An annuel de l'AMVNC depuis 1979 et devenu une tradition avec la Famille des Médecins, Dentistes et Pharmaciens depuis 1983.

Organisation de Congrès

a) Premier Congrès mondial des médecins à Montréal en 1987

- Rôle important de l'AMVNC dans la fondation de l'Association Internationale des médecins vietnamiens du Monde libres (AIMVNML) à partir de 1991.
- Collaboration à l'établissement des Statuts et Règlements basés sur ceux de l'AIMVNC (Le Dr Trác s'est rendu en France et aux États-Unis pour discuter et établir les documents fondamentaux).
- Présidents du Conseil des délégués (Drs Phạm Hữu Trác, Trần Đình Thắng, Đào Bá Ngọc), équivalent du Conseil d'Administration
- Présidents du Comité exécutif (Drs Thân Trọng An, Cấn Thị Bích Ngọc, Nguyễn Hữu Trâm Anh).

b) Organisation des Congrès internationaux des Médecins, Dentistes et Pharmaciens du monde Libre (AIMDPVML)

- 2e Congrès international AIMDPVML à Montréal-Vancouver en 1997.

- 7e Congrès international AIMDPVML à Toronto, conjointement avec l'Association des médecins vietnamiens de Toronto en 2011.
- 9eCongrèsinternationalAIMDPVMLàPhiladelphie en 2018, où le Dr Trần Đại Sơn de Philadelphie est président du Comité d'organisation, et le Dr Cấn Thị Bích Ngọc du Canada, est présidente du Comité exécutif de l'AIMDPVML.

Le 2e Congrès International des Médecins-Dentistes-Pharmaciens Vietnamiens du Monde Libre en 1997 à Montréal-Vancouver

Le 2e Congrès international des médecins, Dentistes et Pharmaciens vietnamiens, tenu au Palais des Congrès de Montréal, est toujours considéré comme le plus réussi des 9 congrès tenus jusqu'à celui de Philadelphie en 2018. De nombreux médecins, écrivains, poètes et artistes d'Europe, des États-Unis, du Canada et d'Australie y ont participé en nombre, avec plus de 300 médecins, 100 pharmaciens et 50 dentistes. La cérémonie d'ouverture a accueilli le maire de Montréal, Pierre Bourque, des représentants du Collège des médecins du Québec et de nombreux professeurs de Médecine, de Pharmacie et Dentaire venus du monde entier. Même la dentiste et artiste Tôn Nữ Lệ Ba de Toronto était présente, avec de nombreuses performances poétiques et musicales en plus de sa conférence sur la littérature et les arts. Des écrivains renommés, tel que Vũ Đình Minh (Mai Kim Ngọc), Lê Văn Lân, Huỳnh Hữu Cửu, Hoàng Ngọc Khôi, Trần Xuân Dũng, Nguyễn Xuân Quang ont également donné des conférences et participé à des discussions littéraires. Le médecin et maître d'arts martiaux Phạm Gia Cổn, 9e dan Hapkido, et ses disciples ont présenté une démonstration d'arts martiaux unique et excellente. La chorale «*Áo Trắng*» des docteurs Hà Thúc Như Hỷ et Võ Văn Tùng a offert des chansons d'antan enivrantes et des danses «*nghê thường*». Le gala au Palais des Congrès a reçu plus de 1200 invités dans un ordre parfait, et l'ambiance s'est enflammée lorsque les jeunes MDP de Montréal ont envahi la piste de danse avec leurs performances excitantes, entraînant dans leur joie les aînés qui, pris d'enthousiasme, les ont rejoints pour danser, s'intégrant à l'esprit du dicton "**Tre già măng mọc**" (Au bambou qui vieillit, Grandit la jeune pousse)

La chorale de l'école Hồng Đức se préparant à la Cérémonie du salut aux couleurs et chante l'hymne national (avec la participation de la Gendarmerie royale qui salue)

Discours d'ouverture

Audience

Dr Lê Thị Quí, porte-parole
lors des cérémonies d'ouverture

Le Dr. Nguyễn Tấn Hồng transmet le drapeau
du Congrès et son enthousiasme à la jeunesse
et de clôture

Le groupe de porte-drapeaux Hồng Đức se prépare pour le défilé d'ouverture

La chorale des élèves de l'école chante l'hymne national

c) Promotion de la culture vietnamienne

Fondation pour l'encouragement aux études: dirigée par les Drs Lâm Thu Vân et Đặng Phú Ân, elle encourage les enfants à s'appliquer à parfaire leur éducation pour élever leurs connaissances et leur moralité, via des cours de langue vietnamienne.

Le colloque sur l'éducation des enfants dans la famille vietnamienne a été organisé le 30 octobre 1994 par le CSKH et le PHVHVN dans le grand auditorium de l'Université de Montréal. Il était animé par le Dr Đặng Phú Ân et le Dr Lâm Thu Vân, avec la participation de plus de 200 enseignants (Lê Hữu Mục, Khiếu Đức Long, Hoàng Chiều Nhân), de personnalités (Toàn Phong Nguyễn Xuân Vinh, le Dr Nguyễn Tiến Cảnh venu de Floride) et de parents d'élèves.

Centre Éducatif Hồng Đức: fondé par le Dr Lại Thế Hưng, il propose de nombreuses classes de vietnamien, enseigne l'histoire du Vietnam, la musique, les chansons folkloriques et les arts martiaux pour aider les enfants à parler et écrire le vietnamien, à avoir confiance en eux et à préserver les traditions ancestrales.

Chapitre 3
LA REVUE DES MÉDECINS

Si le Volet Formation constitue la colonne vertébrale de l'Association en aidant les médecins réfugiés à retrouver leur profession et ainsi à devenir membres, la Revue des Médecins, publiée par le Volet Information, en est la voix et l'image culturelle. L'Association des médecins publie régulièrement la Revue des Médecins, et son 9e Rédacteur en chef actuel est le Dr Thân Trọng An, qui assume cette responsabilité depuis 2007 jusqu'à aujourd'hui. La Revue des Médecins a une longévité de 50 ans avec 235 numéros (2025) et est considérée comme la revue en langue vietnamienne imprimée la plus ancienne au Canada.

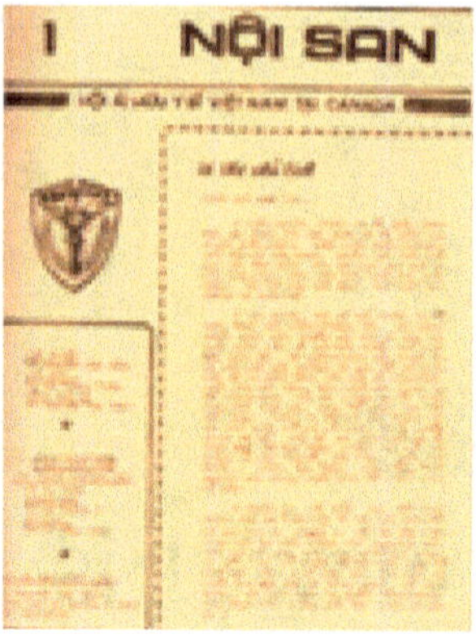

Nội San 1
Format 8.5x11

TSYS 120
Format 5.5x8.5

TSYS 200

TSYS 235
(09/2025)

Rôle de la Revue des Médecins

La revue, qui relève du Volet Information, est:

- La voix officielle de l'AMVNC, comme stipulé par les Règlements internes.
- Un lien de communication, transmettant des informations aux membres et aux confrères à travers le monde.
- Un moyen de préserver et de promouvoir la culture

vietnamienne, la liberté, la démocratie, le respect des droits de l'homme et de la dignité humaine.

- Le ciment qui resserre les liens d'amitié entre les membres et aussi le plus coûteux de l'Association.

Liste des rédacteurs en chef

- Dr Trang Châu Lê Văn Châu (5 ans, 24 numéros)
- Dr Từ Uyên (8 ans, 66 numéros)
- Dr Phạm Hữu Trác (3 ans, 11 numéros)
- Drs Dương Hồng Huy (1 an, 7 numéros), Nguyễn Hữu Nam (1 an, 6 numéros)
- Dr Đông Nghi Nguyễn Thanh Xuân (3 ans, 18 numéros)
- Comité de Direction (3-5 personnes, 2 ans, 10 numéros de 1993-1995)
- Dr Nguyễn Thanh Bình (12 ans, 32 numéros)
- Dr Thân Trọng An (actuellement, 18 ans, 61 numéros)

Les plumes principales du TSYS

Citons quelques noms du Comité de Rédaction du TSYS, par ordre alphabétique: Thân Trọng An, Đặng Phú Ân, Nguyễn Thanh Bình, Trần Văn Dũng, Trần Mộng Lâm, Dr Từ Uyên, et les Drs Nguyễn Văn Hoàng, Nguyễn Gia Ân ont *«rangé leur plume»*..., de Toronto, Hoàng Ngọc Khôi ; de Winnipeg, Dã Thảo Nguyễn Xuân Tùng… Il faut aussi remercier les amis proches principaux, comme le Pr

Thái Công Tụng, le Pr Lâm Văn Bé, et de l'Europe, les Drs Phạm Tu Chính, Dr Trần Văn Tích, l'Ingénieur Lê Bình Phương ; de l'Australie, le Dr Trần Xuân Dũng ; des États-Unis, les Drs Nguyễn Dương, Vĩnh Chánh…

Publication de livres

- Pr Nguyễn Đình Cát: *Le Manger et le boire à travers la littérature populaire*
- Pr Trần Văn Bảng: *Thư Mục Y Giới Văn Thi Nghệ Sĩ* / *« Anthologie des auteurs vietnamiens professionnels de la Santé »*
- Pr Trần Quang Đệ: *Pour que la vie des « hommes en blanc » ait plus de sens*
- Pr Trần Ngọc Ninh: *Một số đóng góp vào Y Khoa của Trường Y Khoa Hà Nội (1940-1952) và của Trường Y Khoa Saigon (1954-1972) * « *Quelques Esquisses de l'Histoire de la Faculté de Médecine de Saigon », Phật Bà Quan Thế Âm, Nguyễn Du et Truyện Kiều*
- Dr Hoàng Ngọc Khôi (Hoàng Xuân Thảo): *Mỹ Nhân Tự Cổ Như Danh Tướng* (Résumé en vers par Trần Xuân Dũng, commentaire par Nguyễn Thanh Bình)
- Dr Nguyễn Trùng Khánh (Tôn Kàn): *Thơ Tôn Kàn, Chết em rồi Bác sĩ ơi, Quan Hai lang tây lính thủy đánh bộ*
- 100 Auteurs médecins: *Y Sĩ với Nàng Thơ* (anthologie)
- 7 Annuaires des médecins vietnamiens dans le Monde libre: 1989, 1991, 1993, 1995, 1997, 2002, 2008

Publications conjointes avec l'Association Internationale des médecins vietnamiens libres (AIMVL)

- *Vàng, Máu và Nước Mắt* (plusieurs auteurs)
- *Nẻo mới vào Văn Học* (Lê Phụng, Dr Trần Đức Cương)
- *Giáo Dục Y Khoa tại Việt Nam và Lịch Sử Y Học* (plusieurs professeurs de facultés de médecine et médecins ont coécrit)

Auteurs de livres spécialisés en médecine

Citons quelques noms:

- Dr Nguyễn Trùng Khánh (Toronto) sur l'échographie
- Dr Nguyễn Gia Khánh (Edmonton) sur la pathologie
- Dr Mai Trung Kiên (Ottawa) sur le cerveau et la spiritualité
- Dr Đinh Đại Kha (Vancouver) pour la vulgarisation médicale
- Dr Nguyễn Duy Sản (Who &Who, Toronto) sur la psychiatrie (*The Psychology and Physiology of Stress*)
- Drs Nguyễn Văn Hoàng et Đặng Phú Ân: Terminologie médicale pratique
- Dr Nguyễn Đình Vân (Montréal): *Communication in English for Vietnamese Health Professionals.*

Parler du TSYS serait vraiment incomplet sans mentionner les médecins suivants:

- **Dr Nguyễn Thanh Bình:** Cinquième président,

Rédacteur en Chef du TSYS pendant 12 ans, auteur des rubriques *Thư Tín, Tiếu Ngạo Giang Hồ, Tin Tức Mình* que tout le monde lisait en premier en recevant le TSYS. Lors de ses voyages en France et aux États-Unis, il ramenait souvent des fonds de soutien pour le TSYS. Le Dr Bình écrivait souvent sous le pseudonyme *Bát Sách.* C'était un expert des caractères chinois, très versé dans la poésie et la littérature vietnamienne et chinoise anciennes, ainsi que dans l'histoire de la Chine et du Vietnam, les classiques, les légendes et les romans de Kim Dung, ainsi que les histoires drôles. Membre central du groupe *Tân Liêu Trai,* qui comptait des membres des trois continents: États-Unis, Canada, France, Allemagne, Australie. Il écrivait aussi de très beaux poèmes et une prose pleine de charme et d'humour, comme en témoignent les nombreux lecteurs qui, en recevant le TSYS, lisaient d'abord ses rubriques *Thư Tín* et *Tiếu Ngạo Giang Hồ.*

- **Dr Lê Thành Ý :** Depuis 50 ans, ce médecin s'est

impliqué activement depuis l'exode de 1975. En tant que membre actif du Comité de Presse et des Activités (CPA) fondé en 1976, il a contribué à la mise en page de la revue de l'Association, en créant des illustrations de couverture et d'articles. Il excelle également dans l'art de la caricature, concevant des décors, des bannières, aménageant et décorant la salle de cérémonie. Il est l'artiste et le maquettiste derrière le TSYS. Pendant plus de 20 ans, il a été contrôleur financier (avec le Dr Hồ Thị Hường) de l'Association, célèbre en Assemblée générale pour sa phrase: «Les finances de l'Association ne présentent rien d'anormal». Membre du «Groupe initiateur» *Y Sĩ với Nàng Thơ*.

Phạm Hữu Trác

Nguyễn Thanh Bình

Thân Trọng An

Trần Mộng Lâm

Caricatures par Liza Lê Thành Ý

- **Dr Trần Văn Dũng,** vice-président aux Affaires internes le plus ancien, contribue avec passion avec le Dr Lê Thành Ý depuis la fondation du Comité représentatif, puis de l'AMVNC. En tant que chef du Comité culturel et artistique et chanteur de qualité, il s'occupe de l'organisation des activités culturelles de l'Association,

- **Dr Lưu Thanh Phi**, qui excelle dans la musique, notamment à la guitare, et qui est connu pour son caractère aimable, bienveillant et chaleureux, a dirigé le département des événements pendant une décennie. Il a pris soin avec minutie des rituels, en particulier les « Quan Hôn Tang Tế » (cérémonies de passage),

- **Dr Thân Trọng An,** ancien quatrième président de l'AMVNC, ancien président du Comité exécutif de l'Association Internationale des MDP Vietnamiens du Monde Libre, Rédacteur en chef du TSYS depuis 18 ans, est connu dans la traduction de poèmes sur demande, ce qui lui a valu le surnom amical de «*Mắc Dịch*» (il ne manque que le mot «*đồ*» devant ce surnom). Il traduit des poèmes vietnamiens en français (par exemple, «*Giây phút chạnh lòng*» de Thế Lữ devient «*Un brin de nostalgie*»), des poèmes français ou anglais en vietnamien, aime pasticher des poèmes ou parodier des chansons. Il écrit aussi des récits sur son service militaire ou des farces de *«l'époque où il était jeune».*

Deux plumes exceptionnelles qui écrivent très rarement pour la revue de l'Association, ne sortant leur art qu'en cas d'extrême nécessité:

- **Dr Trần Mộng Lâm:** Écrit de beaux poèmes, une prose concise, mais percutante, souvent avec des paragraphes ou phrases de conclusion courte, laissant en suspens la suite que le lecteur doit deviner… entre les lignes
- **Dr Trần Thị Thư** avec le pseudonyme **Ngô Sắc (NGỐ)** : Écrit avec beaucoup d'esprit et de profondeur, mais de manière claire et distincte, utilisant les mots de manière extrêmement pertinente, argumentant avec une grande élégance,

Chapitre 4
LEADERSHIP ET RECHERCHE

Après 50 ans d'établissement, les Vietnamiens réfugiés du communisme sont très fiers de voir des médecins d'origine vietnamienne devenir des leaders hospitaliers et des chercheurs de renommée internationale.

1. Médecins leaders

Médecins d'origine vietnamienne dans le système de santé du Québec

a) Au sein du gouvernement

- Le plus haut poste est occupé par la **Dr Caroline Quách Thanh**, qui occupe la fonction de **directrice nationale de santé publique** de la province de Québec.
- Le **Dr Dương Hồng Huy** est Directeur des services professionnels au sein d'une région sanitaire de la ville de Montréal.

- Le **Dr Dương Nghiệp Hoàng,** membre du comité exécutif de la fédération des médecins spécialistes du Québec.

b) Dans les hôpitaux

- De nombreux médecins sont chefs de département dans diverses spécialités.

Par exemple, le **Dr Thân Trọng An** était chef du département de chirurgie à l'hôpital de Chandler ; le **Dr Hồ Quang Nhân** aux hôpitaux Santa Cabrini et Bellechasse ; la **Dr Phạm Thị Tâm**, Chef du département de radiologie à l'hôpital Santa Cabrini ; **le Dr Đặng Phú Ân**, médecin-chef et président du Conseil des médecins au centre CHSLD-CLSC St-Laurent, affilié à la Faculté de Médecine de Montréal (C.I.U.S.S.S) et de nombreux autres médecins d'origine vietnamienne dirigent les départements de leur spécialité.

c) Au Collège des médecins:

- La **Dr Lưu Thanh Phi Yến** travaille au sein du bureau du syndic (Syndique adjointe).

d) Dans le système universitaire médical:

- D'innombrables médecins, des plus anciens aux plus jeunes, sont **«Professeurs d'Université»**, allant de chargés de cours à Professeurs agrégés, puis Professeurs titulaires dans de nombreuses spécialités, ou sont des «Patrons» encadrant les résidents.
- Particulièrement en **chirurgie pédiatrique**, un prix

annuel «Dr Nguyễn» (Lương Tuyền) récompense le résident le plus brillant.

- De nombreux médecins, seniors ou juniors, ont été honorés par la communauté médicale québécoise et ont reçu des médailles ou des récompenses, par exemple, les Pr Nguyễn Lương Tuyền (Prix *Life Time Achievement* de McGill), Pr Nguyễn Hữu Trâm Anh, Pr Tăng An, Pr Émilie Nguyễn Cẩm Tú, Pr Sabrina Hoa Anh Tú, Pr Trần Thái Hoà, et le Dr Đào Bá Ngọc qui a reçu le prix *humanitaire* du Collège des médecins du Québec.

2. Médecins philanthropes:

- Le **Dr Dương Hữu Hoàng** a fait un don de 50 000 $ CAN à son alma mater, l'Université de Sherbrooke (son épouse, la dentiste Nguyễn Ngọc Nga, a également fait un don de 50 000 $ CAN à son alma mater, l'Université Laval).

- La **Dr Caroline Quach** a également fait un don de 50 000 $ CAN à la Fondation de l'Université de Montréal.

3. Médecins chercheurs

Caroline Quach

Le 29 septembre 2025, en tant que **directrice nationale de santé publique (Québec)** et simultanément sous-ministre adjointe au ministère de la Santé et des Services sociaux, la Dr Caroline Quach-Thanh est la

première réfugiée vietnamienne à occuper un poste aussi élevé dans le gouvernement. Elle est professeure titulaire au département de microbiologie, infectiologie et immunologie de l'Université de Montréal et titulaire de la chaire de Recherche du Canada, niveau 1, en prévention des infections, de l'hôpital à la collectivité.

Prix internationaux (sélection):

- 2014: Prix pour l'excellence en recherche de la Fondation de l'Hôpital de Montréal pour enfants
- 2015: Prix SHEA William Jarvis de la Society for Healthcare Epidemiology of America
- 2016: Prix John M. Embil du Mentorat en maladies infectieuses de la Fondation canadienne des maladies infectieuses
- 2019: Membre de l'Académie canadienne des sciences de la santé
- 2021: Prix rayonnement du Collège des médecins du Québec
- 2021: Prix de l'Ordre du mérite de l'Université de Montréal
- 2022: Doctorat honoris causa, Université Bishop's
- 2022: Officière de l'Ordre national du Québec
- 2022: Prix Femmes de mérite, catégorie Services

publics, Fondation Y des femmes de Montréal

- 2022: Prix Distinguished Scientist, Canadian Society for Clinical Investigation
- 2023: Présidente d'honneur du 90e Congrès de l'Acfas

Recherche:

La Dr Caroline Quach Thanh est l'auteure d'environ 200 articles de recherche scientifique répertoriés dans PubMed. Ses travaux portent sur les maladies infectieuses, notamment les «maladies nosocomiales et celles évitables par la vaccination», ainsi que sur les méthodes de prévention et de traitement.

Tăng An

Docteur TĂNG An, de la deuxième génération de l'Association des médecins vietnamiens au Canada, vient d'être officiellement nommé à la plus haute fonction du système des Centres de Recherche du Centre hospitalier de l'Université de Montréal (CRCHUM). Il est le *«Leader»* du domaine médical moderne *«Intelligence artificielle (IA)»*, devenant ainsi le plus jeune professeur titulaire d'origine vietnamienne. Il est également chef du Département de radiologie, radio-oncologie et médecine nucléaire du CHUM et leader du thème de Recherche en imagerie et ingénierie du CRCHUM.

Prix et distinctions

- 2024 CRCHUM Award of Excellence for scientific contribution of the year.
- 2025: one of six merit scholarships throughout the province Highly coveted honour.
- Young Investigation Award (Canadian Association of Radiologists)
- Magna Cum Laude Award (from Radiological Society of North America - RSNA)
- Bernadette Norgrady Award (Société Canadienne-Française de radiologie)
- Canadian Institutes of Health Research (CIHR) Fellowship Award

Cẩm-Tú Émilie Nguyễn

Le Dr Cam-Tu Émilie Nguyen, M.D., a reçu le titre de lauréate 2023, catégorie « *Relève* » (le prix le plus prestigieux décerné à de jeunes médecins).

La Communauté vietnamienne nationaliste de la région de Montréal est très fière de compter parmi elles une jeune talentueuse de la deuxième génération dans le domaine médical. La Dr Nguyễn Émilie Cẩm Tú a été honorée par le Collège des médecins du Québec pour ses contributions à la recherche et à la large diffusion publique des résultats du traitement efficace des maladies neuromusculaires, des pathologies complexes.

Seulement deux ans après l'obtention de sa

spécialisation, grâce à ses recherches et traitements efficaces et exceptionnels pour les enfants atteints de maladies neuromusculaires (comme l'amyotrophie spinale), Cam-Tu Émilie Nguyen a été nommée:

- Directrice du département des pathologies neuromusculaires pédiatriques au Centre de réadaptation Marie Enfant.
- Chercheuse au centre de recherche Azrieli du CHU Sainte-Justine.
- Professeure au Département de neurosciences de l'Université de Montréal.

Trần Thái Hòa

Le **Dr Trần Thái Hoà** est un talent rare, jeune et doué, gentil et altruiste. Outre ses compétences professionnelles exceptionnelles, c'est aussi un "chanteur" hors pair de niveau professionnel. Passionné et doué pour la musique, il encourage et invite souvent ses proches à aller au théâtre écouter de la musique classique et de chambre.

En assumant la responsabilité de **chef du Secteur Jeunesse**, il attirera une nouvelle vitalité pour l'Association afin d'entretenir la flamme et de servir son prochain.

Il faut également mentionner son talent d'orateur en public, clair et distinct, ce qui assure un immense succès lorsqu'il est «invité» à animer un programme.

Prix et distinctions (sélection):

- Bourse de la Fondation Garon pour la recherche sur le cancer (2014)
- Prix de la American Society of Hematology (2013)
- Bourse d'excellence du Thoi Bao (2005)
- Bourse d'entrée McConnell de l'Université McGill (2003)
- Bourse d'excellence du Millénaire canadien (2003-2007)

Postes:

- Hématologue-oncologue pédiatrique, Programme de leucémies, CHU Sainte-Justine (2018)
- Professeur adjoint de clinique, Département de pédiatrie, Université de Montréal (2018)
- Clinicien-chercheur, Axe Maladie immunitaire et cancers, Centre de recherche du CHU Sainte-Justine

Domaines de recherche:

- Leucémie lymphoblastique aiguë Phi-like
- Leucémies pédiatriques
- Thérapie ciblée
- Séquençage de nouvelle génération
- Médecine translationnelle

Nguyễn Lương Tuyền

(1945-2023)

Le **Dr Nguyễn Lương Tuyền** était un professeur renommé du système McGill dans le domaine de la chirurgie pédiatrique à l'Hôpital de Montréal pour enfants. Depuis dix ans, après sa retraite où il a reçu le prix *Life Time Achievement,* le Children's décerne chaque année un prix portant son nom (*Luong T. Nguyen Award*) au résident le plus brillant du service de chirurgie. Le Dr Tuyền a laissé un héritage empreint de compassion à son hôpital de Montréal qu'il a servi toute sa vie.

Il a également contracté une maladie professionnelle, une *« vascularite »* qui a détruit son système immunitaire, une décennie plus tard. Il a souffert d'une insuffisance rénale si grave qu'il est devenu le seul médecin réfugié vietnamien à avoir reçu une greffe rénale et à vivre pendant plus de 18 ans.

Le Dr Tuyền était aussi un écrivain *«anticommuniste radical»* et fut parfois surnommé par ses amis proches «*Mạ Sĩ*». Il a écrit de nombreux articles pour le TSYS, un poème dans *Y Sĩ với Nàng Thơ* avec 99 confrères, et de nombreux articles dans d'autres journaux et en ligne sous divers pseudonymes. Il a également été rédacteur en chef du journal *Quốc Gia* de la Communauté vietnamienne nationale de Montréal lorsqu'il en était le président pendant plusieurs années.

Chapitre 5

LE MÉDECIN DE LA JOURNÉE DE LA SANTÉ

Dr Đặng Phú Ân, président du comité organisateur des Journées de la Santé

Depuis 2001, la « *Journée de la Santé* » est organisée annuellement et de manière continue à la saison des feuilles tombantes, grâce à l'initiative du Volet Formation Continue de l'Association des médecins vietnamiens au Canada. On peut dire que, depuis près de 30 ans, le Dr Đặng Phú Ân est considéré comme l'âme de la Journée de la Santé (élaboration du programme, modération des conférences, invitation des conférenciers, etc.). L'objectif principal de la Journée de la Santé du Canada est de protéger et de promouvoir la santé de l'ensemble de la population.

Médecins ayant présenté des conférences ces dernières année: Drs Lâm Văn Thạch, Đặng Phú Ân, Nguyễn Công Lượng, Tạ Duy Minh, Lê Phạm Đình Tân, Nguyễn Hữu Trâm Anh, Nguyễn Thanh Bình, Dương Đình Huy, Đỗ Quốc Bảo, Cấn Thị Bích Ngọc, Phạm Đức Cường, Kiều Khánh Giao, Bùi Ngọc Yến Giang, Phạm Đăng Hương, Nguyễn Tuấn Khoan, Từ Mỹ Linh, Đào Bá Anh Luân, Thái Hoàng Lân, Thành Quang Lân, Lê Văn Long, Nguyễn Diễm Quyên, Lê Thị Quí, Nguyễn Văn Thạnh, Lê Đức Tâm, Đào Thị Hồng Trang, Nguyễn Lương Tuyền, Sabrina Hoa Anh Tú, Trương Ngọc Uyên, Nguyễn Nhã Uyên, Kiều Công Vân, Nguyễn Ong Khánh Vân, Nguyễn Ngọc Vân, Nguyễn Văn Vũ…

Pharmaciens participants: Phạm Vũ Biền, Bùi Thị Mùi
Dentistes participants: Trần Giáng Ngọc, Đặng Phú Đức, Nguyễn Ngọc Nga, Nguyễn Lê Hoàng Hùng, Trần Giáng Kim, Lê Thị Diệu, Trang, Võ Tường Linh, Alex Lê Quang.

Spécialiste en nutrition: Nguyễn Thanh Vân ; Spécialiste en physiothérapie: Nguyễn Ngọc Quang ; Spécialiste en éducation physique: Nguyễn Quốc Nam

Compte-rendu de la Journée de la Santé 2025 par le Dr Trần Văn Cương.

Dimanche 28 septembre 2025, l'Association des Médecins vietnamiens au Canada a organisé la Journée de la Santé de 10h30 à 16h00 au Centre des loisirs de Saint-Laurent.

Thème: Santé et Longévité

Animation de la programmation: Dr Đặng Phú Ân et Dr Nguyễn Hữu Trâm Anh (Professeur à la Faculté de Médecine de Montréal).

Invités d'honneur:

M. Alan De Sousa, maire de l'arrondissement de Saint-Laurent.

Représentants des autorités locales et honorables députés de la ville.

M. Trần Văn Nhã, président du Comité exécutif / Communauté Vietnamienne Nationaliste de la région de Montréal.

Présidents et représentants des Associations de la Communauté Vietnamienne Nationaliste au Canada et des organes de presse et médias.

Environ 400 compatriotes ont participé.

Partie protocolaire

Cérémonie de levée des drapeaux, hymnes nationaux du Canada et de la République du Vietnam, minute de silence. Le Dr Nguyễn Hữu Trâm Anh a présenté le Dr Đặng

Phú Ân, chef du Groupe de Formation postuniversitaire de l'Association des Médecins vietnamiens au Canada et également chef de l'organisation de la Journée de la Santé Canada 2025, pour souhaiter la bienvenue aux invités et prononcer le discours d'ouverture de la Journée de la Santé Canada. Discours de M. Alan De Sousa, maire de l'arrondissement de Saint-Laurent, louant et admirant chaleureusement l'organisation annuelle de la Journée de la Santé par la Communauté Vietnamienne. Allocution de M. Trần Văn Nhã, président du Comité exécutif de la Communauté Vietnamienne Nationaliste de la région de Montréal.

Partie Conférences médicale:

Sujet n°1: La crise cardiaque aiguë, diagnostic précoce pour un traitement efficace, méthodes de prévention.

Conférencier : Dr Lê Phạm Đình Tân, médecin spécialiste et professeur agrégé en Médecine d'urgence à l'Université McGill et au service des urgences de l'Hôpital Général Juif de Montréal.

Sujet n°2: Le mal de tête: un symptôme aux multiples causes: diagnostic, distinction entre gravités, traitement et prévention. Conférencier: Dr Tạ Duy Minh, diplômé en spécialité de médecine familiale aux États-Unis, directeur du Centre Médical MD Direct, Montréal. Le conférencier a présenté tous les cas de maux de tête, des plus légers aux plus graves, avec les méthodes de diagnostic, de traitement et de prévention.

Dr Nguyễn Hưu Trâm Anh, Dr Lê Phạm Đình Tân,
Dr Đặng Phú Ân, Dr Tạ Duy Minh,
Physiothérapeute Nguyễn Ngọc Quang

Pharmacien Nguyễn Thái Khanh, Dr Đặng Phú Ân,
Mme Nguyễn Thanh Hoa, Dr Trương Thị Kim Nhi

À 13h00 précises, l'assistance a fait une pause pour visiter les kiosques de Santé et participer à un léger goûter offert par le Comité d'Organisation.

Kiosques de santé

Sujet n°3: Douleurs articulaires et lombaires dues à l'arthrose.

Conférencier: Dr Nguyễn Hữu Trâm Anh, directeur du Service de lutte contre la douleur de l'Hôpital Maisonneuve-Rosemont affilié à l'Université de Montréal.

Le conférencier a présenté les méthodes de traitement par anesthésie et l'efficacité de chaque méthode.

Sujet n°4: Douleur de la colonne vertébrale ou douleur rénale ?

Conférencier: Dr Đặng Phú Ân, chef du Groupe de Formation postuniversitaire, Association des Médecins vietnamiens au Canada. Le conférencier a expliqué en détail comment distinguer une douleur lombaire d'origine vertébrale d'une douleur lombaire d'origine rénale (colique néphrétique). Mise à jour complète de toutes les méthodes de diagnostic et de traitement efficaces, tout en donnant des conseils pratiques pour prévenir les complications graves de chaque cas.

Sujet n°5: Physiothérapie et méthodes d'exercice pour traiter et prévenir les douleurs articulaires.

Conférencier: Spécialiste en physiothérapie Nguyễn Ngọc Quang.

Le conférencier a présenté avec des images et des démonstrations très claires les méthodes d'exercice pour prévenir et soulager la douleur dans les affections articulaires.

Session de Questions-Réponses Médicales

Dr Đặng Phú Ân et Dre Nguyễn Thị Thanh Trà

Le Comité d'Organisation a distribué des feuilles aux compatriotes pour noter leurs questions, puis le panel de modérateurs a répondu aux questions de l'assistance. Le Comité d'Organisation a remis, au nom de toute l'assemblée de la Communauté, de magnifiques bouquets de fleurs aux précieux bénévoles et conférenciers de la JOURNÉE DE LA SANTÉ CANADA 2025 en signe de gratitude. Finalement, dans son discours de conclusion, le docteur Đặng Phú Ân, chef de l'organisation de la JOURNÉE DE LA SANTÉ 2025, au nom du comité organisateur, a exprimé son admiration pour l'esprit intellectuel de tous les compatriotes ayant pris part à l'événement, qui se sont montrés très sérieux lorsqu'ils ont écouté les présentations et qui ont participé activement aux discussions. Le Dr Đặng

Phú Ân a une fois de plus remercié tous les bénévoles, le service culinaire de la Communauté Vietnamienne Nationaliste de la région de Montréal et les conférenciers qui ont consacré leurs efforts et leur temps pour mener à bien la JOURNÉE DE LA SANTÉ CANADA de cette année 2025.

Impressions sur la Journée de la Santé

Dans le numéro 161 du journal Quốc Gia, daté du 04-25, p. 78-84, le Dr Đặng Phú Ân rapporte les impressions du maire Alan De Sousa : « *La ville est très honorée de participer chaque année à la Journée de la Santé de la Communauté vietnamienne de la région de Montréal. Ce travail concret et utile contribue à la protection de la santé non seulement des citoyens canadiens d'origine vietnamienne, mais aussi des Autochtones et des autres ethnies présentes sur ce territoire canadien. Il soulage considérablement le fardeau*

médical du gouvernement. »

Les Impressions de l'ancien député et vice-premier ministre Jean Marc Fournier: « *Lors des congrès des Canadiens d'origine indienne, libanaise, nous avons présenté votre modèle de la Journée de la Santé, mais, jusqu'à présent, ces ethnies n'ont pas encore pu le réaliser. Nous vous admirons pour ce travail.* »

Dr Đặng Phú Ân , président du comité organisateur de la Journée de la Santé 2025 et ses membres du comité, monsieur Trần văn Nhã, président de la CĐNVQGVM, monsieur Alan Desousa , maire de la ville de Montréal (Arrondissement St-Laurent) et ses conseillers, conseillères municipaux .

Chapitre 6

LE MÉDECIN SUR LA MER DE L'EST

Le Dr Trang Châu, avec l'équipage du navire *Mary Kingstown* de médecins du Monde, est parti à la recherche et au sauvetage de réfugiés fuyant le communisme en Mer de l'Est (ancienne mer de Chine méridionale). Durant son voyage, le *Mary Kingstown* a croisé cinq bateaux de boat people et a secouru 327 personnes, parmi lesquelles se trouvait un collègue (le Dr Phùng Văn Hạnh) qui deviendra plus tard président de la Communauté des Vietnamiens Nationalistes de la région de Montréal pour deux mandats.

Le docteur Trang Châu sur la mer de l'Est

À l'issue de cette périlleuse mission, il a relaté son expérience dans un récit de voyage intitulé *Về Biển Đông* (Retour en mer de l'Est), racontant le parcours d'un médecin vietomontréalais parti sauver des réfugiés qui bravaient la mer pour échapper au régime communiste.

Dès les années 1970, le Dr Trang Châu, de son vrai nom Lê Văn Châu, était déjà célèbre après que son livre *Y Sĩ Tiền Tuyến* (médecin du front), un récit, eut remporté le Prix de Littérature et des Arts en 1969.

Officier médical dans les Troupes aéroportées, il était un symbole de compassion et de bravoure au sein de l'Armée de la République du Vietnam Sud.

Le Médecin Écrivain

Y Sĩ Tiền Tuyến est un recueil de notes, consignant les événements sur les champs de bataille ainsi que les réflexions d'un médecin suivant une unité de parachutistes

« J'ai écrit des choses que beaucoup ont vécues, mais n'ont pas pu exprimer, ni décrire: la guerre à travers les yeux d'un médecin. J'ai toujours gardé ma plume honnête. En écrivant sur sa propre unité, l'auteur a souvent tendance à en faire l'éloge. Je ne l'ai pas fait et aucune pression n'aurait pu m'y forcer... »

Le style de récit de Trang Châu a une tristesse qui lui est propre. Et, chose particulière, même en décrivant le nettoyage du champ de bataille, le traitement des blessés... il ne comporte aucune trace de violence. Sa prose est douce, triste, comme lorsque le pays est témoin de l'image de ses propres fils se tirant dessus, cherchant à s'entretuer...

Voici un extrait de Y Sĩ Tiền Tuyến, pages 51 à 53 de l'édition de 2013 :

« ... La troupe reçut l'ordre de se déplacer. Il fallait évacuer les blessés avec elle. Seuls deux pouvaient marcher, trois devaient être soutenus, deux devaient être portés sur civière, un corps devait être transporté. Un certain nombre de soldats furent mobilisés pour aider à l'évacuation. J'aidai à porter la civière du lieutenant Toàn. Le voir recroquevillé, gémissant, était vraiment pitoyable... Mes vêtements *trempés me firent frissonner de froid. Les tirs se poursuivaient, mais ils se faisaient plus rares et plus distants. La nuit était tout à fait tombée, la pluie ne cessait pas. Nous suivions péniblement l'arrière de la troupe. Les digues des rizières étaient boueuses et glissantes, les gens dérapaient l'un après l'autre. Après les digues, nous arrivâmes à une maison sur pilotis. L'infirmerie de campagne était désignée pour y passer la nuit. »*

Pour retrouver le temps perdu de la fuite en mer pour échapper au communisme, lire le récit *Về Biển Đông*, c'est revivre sa propre image, misérable au milieu de l'océan, à cause du fléau communiste.

Le Médecin Poète

Le Dr Trang Châu est également un poète renommé sur la scène littéraire de la diaspora. Il a publié *Thơ Trang Châu*, NXB Thi Cầm,

2007, une anthologie poétique.

Ce qui distingue sa poésie, c'est que, même envers son ennemi, son cœur de *« médecin scrupuleux » obéit au dicton* **''Lương y như từ mẫu''**

Un bon médecin sait soigner son patient
comme une mère qui chérit son enfant

en laissant échapper ces vers.

Les larmes de l'ennemi
Il était blessé,
Fait prisonnier.
....
Je lisais la haine
Sur les visages de mes frères d'armes.
Tous voulaient le tuer,
Ce guérillero de cette région misérable
Qui posait des grenades dans les buissons, sur les berges
Tuant ceux qui pêchaient, attrapaient des crevettes.
Il gisait, attendant
La mort.
Mais
Il n'y eut que des mains pour apaiser la haine,
Des mains pour panser sa blessure,
Des mains pour le réconforter.

Il gisait, attendant la mort
Stupéfait de rencontrer la compassion,
Fraternelle.
Les yeux du meurtrier devinrent soudain doux,
Laissant couler deux fines larmes.
Dans la guerre d'aujourd'hui,
Je voudrais combattre sans haine,
Que les blessures soient égales,
Laissez-moi échanger cent victoires
Contre une larme de l'ennemi.

Il fut également le rédacteur en chef de 24 numéros du TSYS pendant 5 ans et publiait régulièrement des poèmes dans la revue de l'Association. Il est actuellement rédacteur en chef du journal *Quốc Gia* de la Communauté vietnamienne nationaliste de Montréal.

Quelques œuvres publiées:

(Illustration montrée dans le texte: Couverture du livre «Thơ Tuyển / poèmes choisis - Trang Châu», indiquant «Publié par PEN Québec (Président: Trang Châu)».)

Chapitre 7
LES MÉDECINS-ÉCRIVAINS ET POÈTES

Devant une bibliothèque remplie d'œuvres poétiques, littéraires, d'essais... des membres de l'Association des médecins, nous ne pouvons que présenter les figures marquantes comme Trang Châu, Tôn Kàn, Hoàng Ngọc Khôi, Nguyễn Thanh Bình, Phạm Hữu Trác... et quelques couvertures de livres.

1. Poésie

- **Hoàng Xuân Thảo** (Dr Hoàng Ngọc Khôi): *Mỹ Nhân Tự Cổ Như Danh Tướng* (Résumé en vers par Trần Xuân Dũng, commentaire par Nguyễn Thanh Bình)

De gauche à droite: assis - Lâm, Trác ; debout - An, Dũng, Khánh, Bình (il manque Lê Thành Ý).

- **Tôn Kàn** (Dr Nguyễn Trùng Khánh): *Thơ Tôn Kàn*
- **Groupe de Rédaction:** Lors du Congrès international des médecins vietnamiens libres à Toronto en 2011, le Dr Trần Xuân Dũng a initié la réalisation de l'anthologie *Y Sĩ với Nàng Thơ* (Le Médecin et la Muse) regroupant 100 auteurs médecins, avec l'accord et la participation de 6 confrères. *(Photo: De gauche à droite, assis: Lâm, Trác ; debout: An, Dũng, Khánh, Bình (il manque Lê Thành Ý).*
- Trang Châu (Dr Lê Văn Châu): médecin commandant parachutiste ayant remporté le Prix de Littérature et des Arts du VNCH en 1969, et ancien président de PEN Québec, PEN Canada et PEN international pendant plusieurs mandats… Il a publié:
  - *Thơ Trang Châu*, NXB Thi Cầm, 2007
  - *Thơ tuyển 2007* et de nombreux autres titres.

- **Médecins membres du cénacle littéraire *«Văn Lâm Xã»* (Montréal):** Trần Kim Vân (TTA), Đặng Đông Mỹ, Nguyễn Xuân Trình, Lê Thành Ý.

- **Groupe Tân Liêu Trai** (Europe, Amérique & Australie)**:** Initié il y a 20 ans par le Dr Nguyễn Văn Bảo (États-Unis), ce groupe présente chaque semaine un poème classique chinois (*Đường thi*) avec les caractères Han et leur lecture sino-vietnamienne. Bát Sách (NTB), Trần Xuân Dũng (Australie) et d'autres membres recherchent l'original, l'interprètent en plusieurs versions (Han, Nôm), puis commentent chaque mot, chaque toponyme selon la version originale. Ensuite, chacun traduit différemment dans divers styles de poésie vietnamienne.

2. Écrivains canadiens : ceux qui y résident y publient ou y lancent leurs ouvrages.

- **Phạm Hữu Trác (Who & Who):** A dirigé la revue spécialisée *Truyền Thông Communications,* publiée de 2001 (42 numéros) jusqu'à l'hiver 2011, date de son interruption pour raisons de santé. Il a également écrit de nombreux articles pour le TSYS et pour les journaux des médecins des États-Unis, de France ou d'Australie, avec des essais et des points de vue très profonds. Il est la personne qui a le plus contribué à unir les Associations de médecins dans le monde libre, ouvrant la voie à d'autres associations inspirées par cet exemple.

- **Khánh Giao Phùng Văn Hạnh:** *Tình Yêu Hiện Sinh*
- **Thân Trọng An (Who & Who):** *Một Chút Đam Mê* (Publication limitée, non mise en vente)
- **Đặng Ngọc Thuận:** *Mạt Chược, đánh lấy được và lấy vui*
- **Nguyễn Vĩnh Đức:** *Tình Khúc Đôi Ta*
- **Hoàng Chính:** 6 titres, dont *Nửa Đêm Nghe Mẹ Thở Dài, Lời Tỏ Tình Đã Cũ…*
- **Nguyễn Thanh Xuân:** *Những bức tranh thủy mặc, Truyện rất ngắn…*
- **Lê Văn Lân:** Lancement à Montréal de *Bút Khảo về Ăn* (TSYS en collaboration avec la Revue Làng Văn)
- **Từ Uyên:** *Những gì còn nhớ, Kỷ Niệm và Suy Ngẫm* (traduction de *Souvenirs et Pensées* de la Dr Nguyễn Thị Đảnh, publiée en Europe du Nord).
- **Nguyễn Hữu Hiệp:** *Những kỷ niệm khó quên*

Médecins invités à écrire des préfaces ou des présentations de livres

- **Thân Trọng An:** Préface pour le *Tuyển Tập Thơ Phạm Thế Trường*, lecture des poèmes de Trần Xuân Dũng pour le recueil *Nhị Thập Bát Tú, Biển Nhớ* de Tuệ Quang Tôn Thất Tuệ, *Y Sĩ Tiền Tuyến* de Nghiêm Sỹ Tuấn, *Người đi tìm Mùa Xuân* de Ngô Thế Vinh, *Văn Học Quân Đội* de Trần Xuân Dũng, *Across Shining Seas* d'un groupe de la promotion de médecine de Saigon 72.

- **Phạm Hữu Trác:** A écrit *Đọc Thơ Y Sĩ* pour le recueil *Y Sĩ với Nàng Thơ* de 100 médecins auteurs, *Vàng, Máu và Nước Mắt*, puis *Sơ Lược Giáo Dục Y Khoa tại Việt Nam và Lịch Sử Y Học*, également par plusieurs médecins auteurs.
- **Trang Châu:** préface pour *Tình khúc đôi ta* de Nguyễn Vĩnh Đức.
- **Nguyễn Thanh Bình:** Préface pour *Một Chút Đam Mê* de Trần Kim Vân.

3. Quelques couvertures de livres de médecins

NGUYEN DINH CAT
LE MANGER ET LE BOIRE
VIETNAMIENS
A TRAVERS
LA LITTERATURE POPULAIRE

DANH SÁCH
Y SĨ VIỆT NAM
TRÊN THẾ GIỚI
TỰ DO

Kỷ niệm
Suy ngẫm

Những Gì
Còn Nhớ

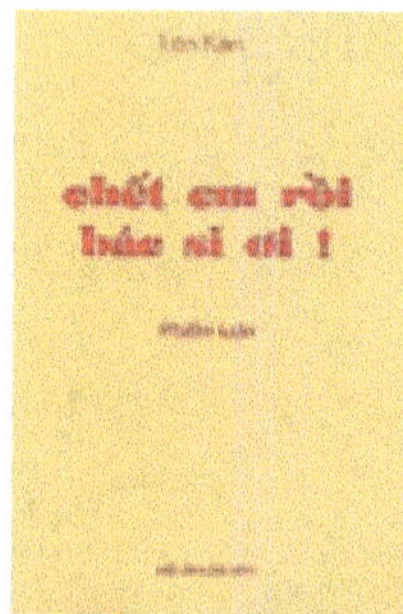
chết em rồi
bác sĩ ơi !

một chút đam mê

Y SĨ TIỀN TUYẾN
NGHIÊM SỸ TUẤN
NGƯỜI ĐI TÌM
MÙA XUÂN

ACROSS
SHINING SEAS
The Mayflowers of 1975
Bilingual Edition

PHẬT BÀ QUÁN THẾ ÂM
NGUYỄN DU và TRUYỆN KIỀU
Trần Ngọc Ninh

TRẦN NGỌC NINH
Y KHOA
ĐẠI HỌC ĐƯỜNG
SÀI GÒN

MỘT SỐ ĐÓNG GÓP VÀO Y KHOA
CỦA TRƯỜNG Y KHOA HÀ NỘI (1940-1952)
và
CỦA TRƯỜNG Y KHOA SÀIGÒN (1954-1975)

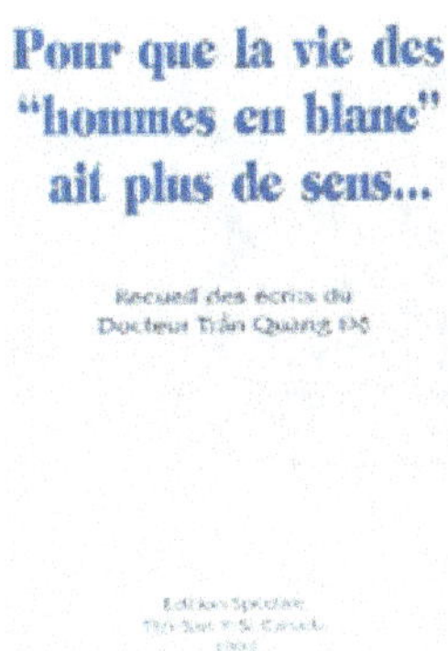
Pour que la vie des "hommes en blanc" ait plus de sens...
Recueil des écrits du

TRẦN VĂN BẢNG
Thư mục y giới văn thi nghệ sĩ

VĂN HỌC QUÂN ĐỘI

MỸ NHÂN TỰ CỔ
NHƯ DANH TƯỚNG

ĐẶNG NGỌC THUẦN
MẠT CHƯỢC

Thơ
NHỊ THẬP BÁT TÚ

TUYỂN TẬP THƠ
PHẠM THẾ TRƯỜNG

DINH VAN NGUYEN

Truyền Thông

Chapitre 8
MÉDECIN - ENSEIGNANT

Après cinquante ans que les Vietnamiens aient quitté leur pays pour s'installer et trouver refuge contre le régime communiste dans divers pays du monde, on peut dire qu'on trouve désormais des écoles enseignant le vietnamien aux enfants vietnamiens, presque partout, notamment dans les établissements religieux, comme les églises ou les pagodes. Ceci dans le but unique de maintenir et de préserver la culture traditionnelle ainsi que la langue vietnamienne, pour ne pas oublier ses racines.

Peu à peu, la Fondation Khuyến Học a organisé des enseignements de manière plus structurée. Puis, en 1999, le Centre Culturel et Éducatif Hồng Đức du docteur Lại Thế Hưng a développé l'ampleur et la diversité des activités. Aujourd'hui, cela se poursuit à l'école Hồng Bàng ainsi que dans les pagodes et les églises.

Fondation Khuyến Học

Initiée par le Dr Lâm Thu Vân en collaboration avec

le Dr Đặng Phú Ân, elle a commencé à enseigner le vietnamien de manière plus formelle que les lieux de culte à Montréal.

Centre Culturel et Éducatif Hồng Đức

- Année de fondation: 1999
- Fondateur: Dr Lại Thế Hưng
- Objectif: Enseigner la langue et la culture vietnamienne
- Corps enseignant: Bénévoles
- Source de financement: Contributions de bienfaiteurs, l'école ne recevant aucune subvention.
- Adresse: École secondaire Marianopolis, 4873 Av. Westmount, Westmount, QC H3Y 1X9
- Effectif: Environ 150 élèves en moyenne par an
- Classes:
    - Langue vietnamienne: de la classe préparatoire à la 6e année.
    - Culture: enseignement de la musique, de la peinture.
- Activités culturelles: Organisation des fêtes du Têt, journées culturelles et culinaires (jusqu'à 400 participants).
- Après 20 ans d'activité, l'école Hồng Đức a fermé ses portes et a été relayée par l'école Hồng Bàng pour l'enseignement du vietnamien.

L'école Hồng Bàng et les établissements religieux maintiennent actuellement encore des classes de vietnamien chaque week-end.

École HỒNG BÀNG, une organisation à but non lucratif ne recevant aucune subvention gouvernementale. L'école est gérée grâce au soutien passionné de 9 membres fondateurs, au dévouement de nombreux bénévoles et à son autofinancement via les frais de scolarité modiques de l'école, ainsi qu'avec l'aide de certains généreux donateurs.

Programme

- Classe de vietnamien pour les enfants
  - Chaque dimanche de 13h à 15h (sauf les jours fériés)
  - Du 7 septembre 2025 au 3 mai 2026
- Classe de vietnamien pour adultes
  - Chaque dimanche de 13h à 15h (sauf les jours fériés)
  - Du 7 septembre 2025 au 3 mai 2026

Conclusion 1

RACONTER LES HISTOIRES EN MARGE

Lorsque nous voulons comprendre plus profondément une personne, par exemple les médecins de l'Association, la vie nous a appris à observer les points suivants:

- Regarder ce que le médecin fait après ses heures de vocation.
- Regarder les petits cailloux dans l'Association.
- Regarder la culture du comportement des membres.

1. Ce qu'ils font en dehors de leur vocation

Pour mieux comprendre un médecin, il faut regarder ce qu'il fait après l'exercice de sa vocation, par exemple, écrire de la poésie, des textes littéraires, enseigner le vietnamien (Drs Tôn Kàn, Lại Thế Hưng, Trang Châu, Thân Trọng An, Nguyễn Thanh Bình, Trần Mộng Lâm), immortaliser les activités de l'Association (Docteur photographe Trần Văn

Cương surnommé *«l'homme invisible»* sans jamais prendre son propre portrait).

Pour mieux comprendre les 11 médecins du Comité exécutif et les membres des commissions, on constate que ces derniers font tous du bénévolat non rémunéré, notamment:

- 6 médecins spécialistes du Canada: Thân Trọng An (chirurgie générale), Nguyễn Hữu Trâm Anh (anesthésie), Đỗ Quốc Bảo (chirurgie cardiovasculaire), Nguyễn Thanh Bình (gastroentérologie), Phạm Đăng Hương (ORL), ainsi que Đặng Phú Ân (urologie) à Saigon...
- 2 professeurs d'Université à Montréal (Nguyễn Hữu Trâm Anh et Trần Thái Hoà), sans compter le Dr Đặng Phú Ân qui est professeur à la Faculté de Médecine de Saigon.
- Quatre jeunes membres occupant des postes clés (Trâm Anh présidente, Bảo Vice-président chargé des Relations extérieures, Nguyễn Thị Thanh Trà secrétaire générale, Thái Hoà Chef du Bloc des jeunes), et le trésorier Tân, entre deux âges.

2. Les petits cailloux

En relisant attentivement un bon roman, nous nous rendons compte que tant de détails, apparemment insignifiants, ont construit l'œuvre ; c'est pourquoi un auteur français disait: *«Les tout petits détails font un grand roman»*. Si l'on se souvient du film *«La Strada»* de Fellini, strada signifie la route, c'est le début de la rencontre entre des personnes partageant le même sort sur un même bateau, tout comme l'Association des médecins est la Strada de la rencontre «*forcée*» des médecins réfugiés du communisme à Montréal. En 1975, les relations entre médecins furent la Strada menant à la création de l'Association des médecins et à la solidarité et l'entraide à l'étranger. Après 50 ans, cette route est pavée de milliers de cailloux, les cailloux étant la «*dimension cachée*» de l'Association. Beaucoup les ont oubliés, car ils ne voient pas la présence et la signification du caillou dans la vie. Ce sont précisément ces cailloux qui ont silencieusement contribué à construire la Strada de l'Association, par exemple, de nombreux médecins payant une cotisation supérieure à celle prévue, mettant de leur poche pour accomplir les travaux de l'Association aux États-Unis, en Australie, en France, comme les présidents Trác, An, Thắng, Ngọc...

3. La culture du comportement

Dans chaque pays, la culture du comportement est au cœur de la culture elle-même, permettant aux personnes extérieures de la juger. Pour observer la personnalité d'un médecin et la tradition de l'Association des médecins, nous devons regarder la culture du comportement au sein de l'Association. La culture du comportement est l'interaction entre médecins, et entre les médecins et la société, elle forge la tradition de l'Association et sert d'exemple pour les générations futures. Voici quelques histoires en marge que nous avons entendues sur les manières de se comporter dans l'Association. Les aînés se comportent avec respect envers les supérieurs et considération envers les subalternes, respectant beaucoup la tradition, acceptant volontairement de se conformer aux statuts et au Règlement interne, qu'ils aient été des Maîtres à Saigon ou d'anciens hommes politiques puissants. Par exemple:

Des médecins de haut rang, comme les professeurs Đào Đức Hoành, Trần Lữ Y, Nguyễn Thế Minh, les professeurs adjoints de la Faculté de Médecine de Saigon Đặng Phú Ân, Hồ Quang Nhân, Nguyễn Lương Tuyền, ont accepté d'être chefs de comité (souvent de formation) de l'Association et d'assister aux réunions du Comité exécutif avec leurs anciens élèves.

Des médecins politiciens, tels que le ministre Nguyễn Tấn Hồng, Trần Lữ Y, le professeur et directeur de l'hôpital Bình Dân Đào Đức Hoành, le colonel Phạm Vận, vice-directeur du service de santé militaire, et les lieutenants-colonels Lâm Văn Thạch et Phạm Hữu Trác, autrefois considérés comme des personnages impressionnants et autoritaires, ont tous respecté leur rôle de membres sans réserve. Il est également agréable de noter que le général de brigade Vũ Ngọc Hoàn, qui a dirigé le Service de Santé militaire pendant de nombreuses années, s'adressait à l'Association depuis Paris avec une grande courtoisie et un grand calme. Cela s'explique par le principe confucéen de *« juste titre ou légitimité»*, qui stipule que chacun doit agir selon son rôle, que le roi soit roi, que le sujet soit sujet, que le père soit père et que le fils soit fils.

Conclusion 2

RACONTER L'HISTOIRE DES MÉDECINS

Actuellement, nous connaissons tous plus ou moins les médecins vietnamiens de Montréal ; mais plus tard, peut-être dans quelques centaines d'années, lorsqu'une mère amènera son fils au cabinet d'un médecin vietnamien pour une consultation, ce livre fournira à la mère de quoi raconter à son enfant l'histoire des médecins réfugiés du communisme sur la terre de Montréal. C'est pourquoi ce livre est une contribution au monument «*Le conte d'une vie*» érigé par deux médecins: Dương Đình Huy et Cấn Thị Bích Ngọc.

Le monument « Le conte d'une vie » symbolise l'image d'une mère qui raconte l'histoire des Vietnamiens nationalistes réfugiés du communisme à Montréal.

Le monument «*Le conte d'une vie*» a été inauguré le 28 août 2021 au parc Atholstan, à l'angle des rues Laird et Saint-Claire, Mont-Royal.

La maquette du monument a la signification suivante:

- Symbole du bateau des Boat People vietnamiens réfugiés du communisme: La stèle triangulaire symbolise la proue du bateau.
- Symbole de la mère racontant l'histoire à son fils, les générations futures, sur l'histoire des boat people et des médecins réfugiés du communisme à Montréal, lorsqu'elle emmène son enfant consulter un médecin vietnamien.

De gauche à droite : Dr Dương Đình Huy (2e)
et Dr Cấn Thị Bích Ngọc (4e)

Conclusion 3
REMERCIEMENTS

Nous souhaitons réimprimer un article paru le 09 juin 2007 dans l'Actualité Médicale sur Le Bulletin des Médecins de langue française, No Mai 2007 pour en faire la conclusion du livre.

Ces médecins venus du Sud Viet Nam

Avec la chute de Saigon en 1975, le Canada et surtout le Québec ont accueilli les vietnamiens en grand nombre dans un geste humanitaire et un élan de générosité extraordinaires. Ensuite l'ouverture aux « boat people » des années 78-89, les programmes de réunification familiale ont permis d'autres arrivées. Ils sont maintenant 40,000 au Québec, 50,000 en Ontario, 30,000 en Colombie Britannique et dans les autres provinces. Parmi eux, on voit environ 500 médecins dont plus de 350 pratiquent au Québec.

Après 30 ans d'intégration, en 2007, on remarque 2 générations :

a) Des médecins diplômés au Viet Nam : ils doivent réussir aux examens d'admission de stages, passer ces stages sous supervision, réussir l'examen de graduation et la Licence Médicale du Conseil Canadien tout comme les finissants des universités canadiennes avant d'obtenir le droit de pratique. Cette « vieille garde » occupe les deux tiers des effectifs.

b) Des médecins diplômés au Canada : ils ont fait leur chemin comme tout jeune québécois studieux et motivé, c'est la relève formée de jeunes des génération 1 ½ et 2 occupant le tiers des médecins d'origine vietnamienne.

Tous parlent et maîtrisent assez bien le français, la plupart se débrouillent bien en anglais, mais cinq pour cent ne savent pas écrire ou parler correctement le vietnamien. Quelques « vieux » ont pris racine rapidement en épousant des « *gens du pays* » pour chanter « *mon pays c'est l'hiver* », plusieurs jeunes ont unis leurs destins avec des « *blondes aux yeux bleus* ». Tous célèbrent « *la St-Jean* » et tous adorent le « Ô Canada » avec « *son épopée* » et ses « *brillants exploits* ».

La très récente communauté vietnamienne est une communauté de réfugiés politiques qui refusent le régime communiste après l'avoir combattu pendant 21 ans comme un bastion du monde libre dans la dernière guerre froide. Elle porte dans son âme une histoire et une culture de plus de 2000 ans qui honorent les valeurs traditionnelles, la tolérance, la gratitude et le respect d'autrui.

Dans le système de santé du Québec, ces québécois d'origine vietnamienne sont présents dans tous les échelons : enseignant (un-deux) à l'université, praticiens dans les hôpitaux, dans les centres de longue durée, de convalescence, de réhabilitation, dans les CLSC, dans les Services d'Urgence Santé, dans des cliniques et bureaux privés ...

Ils sont présents dans les grands centres urbains, mais aussi en régions éloignées. Ils ont servi la population québécoise de Montréal jusqu'au Grand Nord en passant par la Gaspésie, le Lac St-Jean, l'Abitibi-Témiscamingue, l'Outaouais, l'Estrie ... Plusieurs s'y trouvent encore.

D'accès facile, ne refusant aucun patient, ils s'impliquent comme

- généralistes, médecins de famille

- médecins des services d'urgence d'hôpital ou sur ambulance

- médecins spécialistes dans presque toutes les disciplines

- conférenciers dans des symposium académiques universitaires ou d'Education Médicale Continue (en 2007 on compte 8 anesthésistes, 24 chirurgiens, 103 internistes, 5 radiologistes...)

- chefs de Service, chefs de Département, Président ou membres du Comité exécutif des Conseils des Médecins, Dentistes et Pharmaciens des Hôpitaux du Québec

Ils sont chercheurs, enseignants, cliniciens, mais surtout d'éternels étudiants. Ils écoutent leurs patients, les soignent avec dévouement, respect et politesse. Dans la crise du manque d'effectif médical de 1995 à 2007, ils ont, comme d'autres médecins québécois, contribué sans relâche aux soins de santé de la population.

L'Association des Médecins de langue française, qui veille aux soins de santé de la société québécoise, ayant vite reconnu leur intégration et leur contribution, a décerné trois titres de Médecins de Cœur et d'Action à trois de leurs membres, les Docteurs Dao Ba Ngoc en 2001, Do Duy An en 2003 et Le Tu Mai en 2006.

Plusieurs ont œuvré dans des activités socio-culturelles comme, entre autres, les Drs Lam Thu Van, Tu Uyen, Tran Dinh Thang, Dao Ba Ngoc, Dang Phu An, Duong Dinh Huy, d'autres dans des programmes humanitaires à l'étranger comme Le Van Chau (médecins sans frontières*), Dao Thi Hong Trang (Camp de réfugiés à Hong Kong*), Nguyen Quang Hung (dispensaire en République dominicaine*), Can Bich Ngoc (droit des femmes*)… parmi d'autres. Certains sont écrivains, poètes (en français), traducteurs en français des succès vietnamiens tels que Caroline Nguyen, Nguyen Phan Nha Thi, Than Trong An, Nguyen Luong Tuyen, Nguyen Vinh Duc ...

L'Association des Médecins Vietnamiens du Canada tient actuellement le record mondial de longévité d'un périodique sur papier en vietnamien, le *TAP SAN Y SI* (le Magazine des Médecins), avec ses 174 parutions, de la presse vietnamienne outremer depuis la chute de Saigon en 1975. Les médecins-auteurs Tu Uyen, Le Van Chau, Pham Huu Trac, Nguyen Trung Khanh, Nguyen Thanh Binh, Tran Mong Lam, Than Trong An, Dang Phu An, Tran Thi Thu, et quelques autres sont les plus connus.

N'oubliant pas leurs racines, ces médecins néo québécois travaillent aussi très fort dans leur communauté. Ils ont été Présidents des Communautés vietnamiennes du Canada, ou de Montréal (Tu Uyen, Lam Thu Van, Nguyen Luong Tuyen, Tran Dinh Thang, Dao Ba Ngoc), de Vancouver, de Winnipeg ... A date, quatre ont servi comme Président de l'Association des Médecins vietnamiens du Canada (depuis sa formation à date), et comme Président du Comité Exécutif et/ou du Conseil d'Administration de l'Association des Médecins vietnamiens du Monde Libre. Certains anciens médecins militaires (presque tous les médecins vietnamiens ont été mobilisés pendant la guerre anti communiste) acceptent le fardeau de Président des Associations d'Anciens Combattants (Ly Hong Sen...) de La Famille des Bérets Rouges du Monde (Le Van Chau, Le Quang Tien), Pen Club International, chapitre Viet Nam, et chapitre Québec (Le Van Chau).

Chaque année, la Famille des Médecins-Dentistes-Pharmaciens organise deux évènements socio-culturels très populaires à Montréal afin de vulgariser les problèmes de santé pour la population dans « la Journée Médicale » en automne et le « Kiosque Médical » lors de la « Fête du Tet vietnamien » avec le support de tous les professionnels de la Santé dont la figure de proue est le docteur Dang Phu An.

Beaucoup d'eau a coulé sous les ponts depuis 1975, l'intégration des médecins vietnamiens dans la société québécoise ne fait plus de doute et leur contribution dans les soins de santé semble être bien appréciée.

On ne peut passer sous silence le mérite d'autres

canadiens d'origine vietnamienne dans différents domaines qui ont apporté leur précieuse contribution à la société québécoise ou canadienne.

Mon dernier mot est pour valoriser les autres professionnels vietnamiens dans le domaine de la santé, comme les dentistes et surtout les pharmaciens du Québec (dont un professeur, vice doyen puis doyen Ong Huy) qui ont performé tellement bien que les montréalais ont murmuré pendant longtemps:

Les Italiens sont dans le ciment
Les Grecs sont dans les restaurants
Les Vietnamiens sont dans les médicaments.

Nous voudrions par cette occasion dire tout haut notre profonde gratitude à la population du Québec et du Canada, à la profession médicale, au Collège des Médecins du Québec, aux Gouvernements du Canada et du Québec d'avoir ouvert les bras pour nous accueillir au moment où nous en avions le plus besoin.

Merci Canada, Merci Québec de votre accueil, de votre générosité, de votre grand cœur.

Merci pour votre confiance.

Than Trong An, MD, FRCSC, CSPQ 4e Président de l'Association des médecins vietnamiens du Canada

Dao Ba Ngoc, MD, CCMF, FCMF 7e Président de l'Association des médecins vietnamiens du Canada

Y SĨ VIỆT NAM TẠI MONTREAL

VÀ CANADA

Lạp Chúc Nguyễn Huy

MỤC LỤC

GIỚI THIỆU CUỐN SÁCH

Hành trình đi tìm tự do của mỗi người Việt tỵ nạn quốc gia đều đã trải qua 3 giai đoạn:

- Sống mất tự do và bị áp bức dưới chế độc tài,

- Sống gian nan đầy nguy hiểm khi vượt biên trên biển cả

- Rồi sau cùng phải sống hội nhập xã hội, nghề nghiệp vào một xã hội xa lạ.

Với dũng cảm và nghị lực của người Việt tỵ nạn nên cuộc hành trình tìm tự do mang bóng dáng của môt bản hùng ca của cả triệu nguơi Việt tỵ nạn trên thế giới. Hai giai đoạn đầu của bản hùng ca đã được nhiều sách báo, bút ký để cập đến rất nhiều nên cuốn sách này chỉ thuật lại giai đoạn chót" bản hùng ca" của mấy trăm bác sĩ Việt tỵ nạn đến lập nghiệp tại Montreal, sau khi đã trải qua đói khát trong tù cải tạo (giai đoạn 1 của hùng ca), vượt biên bằng đường biển đầy gian nan, nguy hiểm (giai đoạn 2) rồi lại phải vượt qua các giai đoạn hội nhập xã hội, nghề nghiêp, văn hóa với đời sống tại Quebec (giai đoạn chót). Sau 50 năm viễn xứ, với tài liệu sống thực làm nòng cốt cho cuốn sách, cuộc hành trình của mấy bác sĩ từ trại tù đến Montreal là một đoạn ngắn biểu tượng cho sử thi của cả triệu người Việt đi tỵ nạn cộng sản tại hải ngoại.

LỜI PHI LỘ

Họ đã quen nhau từ thời đại học Y khoa tại Việt Nam. Họ đã sát cánh chiến đấu trên chiến trường. Họ đã cùng nhau trải qua bao nhiêu gian truân trong các trại cải tạo và trại tị nạn. Một khi đến đất khách quê người, họ đã tương trợ lẫn nhau để trở lại hành nghề.

Từ mối tình đồng đội khắng khít, cùng cách xử sự hòa nhã trí thức, họ đã lập ra một hội ái hữu còn tồn tại hơn 50 năm, Hội Y Sĩ Việt Nam tại Canada.

Sau khi trở lại hành nghề và địa vị, họ đã không buông tay. Mỗi người đã âm thầm đóng góp cho tập thể người Việt tị nạn. Ai bảo họ dấn thân về Biển Đông để cứu vớt các thuyền nhân? Ai nhờ họ lập trường Việt ngữ để bảo tồn văn hóa và tiếng Việt cho các con em? Ai kêu gọi họ quyên tiền hàng năm để trợ giúp thương phế binh ở quê nhà? Ai bắt họ tổ chức hàng năm ngày y tế để phục vụ các đồng hương? Ai khuyên họ đảm nhiệm chấp hành cộng đồng người Việt quốc gia tại Montréal? Ai nói họ xây dựng tượng đài để tưởng niệm các thuyền nhân tị nạn? Mỗi người đã âm thầm đặt một viên gạch để xây dựng căn nhà Việt Nam tại hải ngoại.

Theo dòng thời gian, Hội Y sĩ Việt nam đã trở thành một cột trụ cho cộng đồng người Việt quốc gia tại Montréal. Nhờ Hội, tinh thần và sinh hoạt của VNCH đã được lưu truyền sau 50 năm trên quê hương mới.

Các con em của họ còn tiến xa hơn nữa trên đường hội nhập và đã trở thành những chuyên viên y tế được nể phục tại Québec. Nhưng các em có tìm thấy tinh thần đoàn kết để ngồi lại với nhau và tiếp nối truyền thống của các cha anh?

Mong rằng các thế hệ mai sau còn nhớ đến cội nguồn sẽ tìm hiểu về hành trình độc đáo của Hội Y sĩ kể lại trong cuốn sách này

Dương Đình Huy

DẪN NHẬP

Để kỷ niệm 50 năm viễn xứ, chúng tôi đã thực hiện:

- Cuốn sách *"Văn nhân Việt Montreal"*, rồi hợp tác với Hội giáo chức Quebec tổ chức tiệc mừng xuân và vinh danh các nhà văn, nhà thơ, biên khảo như Song Thao, Nguyễn Văn Lục, Trang Châu, Sỏi Ngọc, Nguyễn Kiến Thiết ...

- Dựng tượng đài văn hóa (hiện đặt tại trụ sở của CĐNVQGVM) gồm khoảng 200 tác phẩm của 33 văn nhân vieto-montrealais.

- Cuốn sách song ngữ " «Montréal, *Bản hùng ca của người Việt quốc gia, L'épopée des réfugiés* vietnamiens nationalistes» để làm di sản cho hậu duệ biết người Việt tỵ nạn cộng sản đã đóng góp gì cho Cộng đồng và quê hương mới.

Khi chúng tôi muốn soạn một cuốn sách về các hội đoàn Việt ở Montreal (có khoảng 30 hội) thì ôi thôi thật là khó khăn *"Đường đi khó ... khó vì lòng người chẳng ai muốn nói"*. Rồi một hôm, một ông bác sĩ trẻ nhờ tôi phỏng vấn một ông bác sĩ thế hệ 1 để giới thiệu Hội Y Sĩ, sở dĩ ông bác sĩ già này là một cây cổ thụ trong ngành báo chí và văn thơ nhưng không muốn viết về Hội như để tự khoe mình. Sau khi *''chẩn đoán được bệnh lý''* của ông bác sĩ, nhà giáo tôi đề nghị viết một cuốn sách nhỏ giới thiệu Hội Y Sĩ với sự cộng tác của mấy vị bác sĩ quen thuộc trong Hội.

Tại sao ngọn bút của tôi cảm thấy hân hạnh viết về Hội Y Sĩ?

Hội Y Sĩ là Hội lâu đời nhất tại Montreal, bắt đầu hình thành từ năm 1975, là một Hội Đoàn rất sớm hình thành và hội viên được xem như keo sơn gắn bó, đồng thanh giữ vững lập trường. Hội cũng là một cột trụ hết lòng ủng hộ lập trường quốc gia của Cộng Đồng Người Việt Tỵ Nạn và rất nhiều y sĩ đã lãnh trọng trách của Cộng Đồng Người Việt Quốc Gia tại Montreal, Ottawa, Calgary, Vancouver … Nay tuy nhiều hội viên đã quá tuổi *"cổ lai hy"* hay về hưu, nhưng vẫn hoạt động, đóng niên liễm, khuyến khích bác sĩ trẻ gia nhập khiến cho Hội tỏa ra sinh khí trường tồn.

Hội Y sĩ có mục đích tốt đẹp và có truyền thống gởi lại cho thế hệ sau. Mục đích, truyền thống, hội viên kế thừa là điều kiện trường tồn cho bất cứ hội đoàn nào, Hội Y Sĩ lại được các trường đại học Quebec ưu ái tuyển chọn hàng năm các sinh viên ưu tú (crème de la crème) làm hội viên cho Hội.

Điều thích thú viết về Hội Y Sĩ là tác giả có cảm nhận vài điểm của mình quen thuộc với nhiều bác sĩ thí dụ như dạy học, khảo cứu (Bs Nguyễn Hữu Trâm Anh, Cẩm-Tú Émilie Nguyễn), viết văn (Bs Trang Châu, Tôn Kàn …), làm báo (Bs Thân Trọng An, Bs Nguyễn Thanh Bình).

Về nội dung cuốn sách, mục đích khởi đầu theo ý kiến của Bs Dương Đình Huy là giới thiệu Hội Y Sĩ cùng với mấy hội đoàn khác. Sau khi được sự cộng tác nhiệt tình của nhiều bác sĩ nhất là Bs Thân Trọng An thì cuốn sách biến thành một tập tài liệu sống thực của hành trình đi tìm tự do của mấy trăm bác sĩ Việt đến lập nghiệp tại Montreal. Cuộc hành trình này mang sắc thái của một bản hùng ca ca từ tù cải tạo (giai đoạn 1), đến gian nguy khi vượt biên (giai đoạn 2) rồi giai đoạn chót là phải hội nhập vào xã hội mới và vượt bao nhiêu là thử thách để hành nghề trở lại. Cuốn sách ngắn này mô tả lại giai đọan chót của bản hùng sau 50 năm viễn xứ với nội dung tập trung vào 5 trọng tâm sau:

1. Cấu tạo cột sống cho Hội: Khối đào tạo giúp bác sĩ trở lại nghề cũ làm nòng cốt cho Hội, Khối huấn luyện hậu đại học kiện toàn chuyên môn y sĩ (Chương 1 và 2).

2. Khối thông tin với Tập san Y sĩ làm tiếng nói của Hội và biểu hiện đời sống tinh thần của hội viên (Chương 3).

3. Sau khi đã hội nhập xã hội, nghề nhiệp, Hội tỏa sáng với bác sĩ lãnh đạo và khảo cứu (Chương 4)

4. Sanh hoạt nổi trội: Bác sĩ của Ngày Y Tế: Bs Đặng Phú Ân (Chương 5); Bác sĩ trên Biển Đông: Bs Trang Châu (Chương 6); Bác sĩ văn thi sĩ: Bs Thân Trọng An, Nguyễn Thanh Bình, Từ Uyên ... (Chương 7); Bác sĩ dạy học: Lại Thế Hưng (Chương 8);

5. Hội kể chuyện. Kể chuyện bên lề (kết luận 1); Kể chuyện Bác sĩ: Bs Dương Đình Huy và Cấn Thị Bích Ngọc (Kết luận 2), kể chuyện Hội cám ơn Canada, Quebec (kết luận 3)

Về tài liệu, tuy là một nhà giáo nhưng dám nhận viết lời giới thiệu Hội Y Sĩ là vì có lời hứa cộng tác, giúp ý kiến và tài liệu của 3 bác sĩ: Thân Trọng An, Đặng Phú Ân và Dương Đình Huy đã sanh hoạt trong Hội từ lâu.

Mỗi hội đoàn là một căn nhà nhỏ xây chung quanh căn nhà lớn là CĐNVQGVM. Khi viết về căn nhà Hội Y Sĩ tại Canada, chúng tôi 4 người cộng tác với nhau như sau.

Người gợi ý viết cuốn sách và đồng thời người mở cửa dẫn tôi vào căn nhà Hội y sĩ Việt Nam tại Canada là Bs Dương Đình Huy. Điều đáng mừng cho chúng tôi là Ông bác sĩ trẻ vieto-montrealais này cho ý kiến, phê bình thẳng thắn đúng phong cách của người được đào tạo tại hải ngoại.

Nếu hỏi ông bác sĩ nào mà người Việt tỵ nạn nào cũng biết thì đó là Bs Đăng Phú Ân, linh hồn của Ngày Y Tế và là người phục vụ Hội từ 3 thập niên.

Các tài liệu chính sử và ngoại sử (dimension cachée) của Hội thì gần như hầu hết đều do bác sĩ Thân Trọng An cung cấp.

Sau cùng nhà giáo tôi giữ vai trò sắp xếp tài liệu thành 8 chương của cuốn sách rồi chuyển sang pháp ngữ.

Phần ghi chú

1. Chữ viết hoa: danh từ riêng và chữ đầu của hàng chữ dài chỉ một tổ chức, thí dụ Hội y sĩ Việt Nam tại Canada,

2. Hình ảnh: Bs Trần Văn Cương

3. Dịch các tục ngữ, ca dao: Bs Thân Trọng An

Chương 1
HYSVNC
HỘI Y SĨ VIỆT NAM TẠI CANADA

Từ năm 1975, Hội y sĩ Việt Nam tại Canada đã trải qua 2 giai đoạn thành hình:

- Giai đoạn hoang mang

- Giai đoạn an cư lạc nghiệp.

1. Giai đoạn hoang mang, bất định

Sau ngày 30/4/1975, khoảng 60 bác sĩ may mắn chạy thoát và được đưa đến định cư tại Montreal. Vào tháng 6/1975, các bác sĩ may mắn này họp nhau tại khách sạn Queen (nơi tiếp nhân người mới nhập cư) bàn chuyện thành lập Ban Đại Diện Y Sĩ VN tại Canada với mục đích :

- *Thành lập* ***Ban Đại Diện Y Sĩ VN tại Canada*** *để vận động tìm cách trở lại nghề*

- *Tìm gặp Bộ Di Trú Quebec, Y Sĩ Đoàn Quebec, các Đại Học*

- *Xin được lớp luyện thi, nghiên cứu cách xin chỗ Nội Trú các Bệnh Viện để có thể trở lại nghề*

- *giúp đỡ các đồng nghiệp đến sau.*

Sau buổi họp tại khách sạn Queen, các bác sĩ tổ chức nhóm đi vận động tại Bộ Di Trú Quebec, Y Sĩ Đoàn Quebec, các Đại Học. Kết quả của cuộc vận động này là xin được lớp luyện thi và chỗ Nội Trú các Bệnh Viện.

Tháng 5/1976, Corporation des Médecins du Quebec tổ chức kỳ thi đầu tiên cho y sĩ VN tỵ nạn, lấy đậu 36 bác sĩ, chờ xin chỗ nội trú:

- 3 vị có ECFMG của Hoa Kỳ trước 1975 và 9 vị vừa đậu kỳ thi mới nhất

- Tới tháng 7/1976 có 32 người được nhận làm nội trú tại Montreal (17) Sherbrooke (5), Quebec (10)

Vào thời hoang mang bất định, các Bác sĩ đóng góp đầu tiên: Bs Dương đình Tuân, Lâm Văn Thạch, Phạm Hữu Trác, Trần Văn Kim, Trần Văn Dũng, Hồ Quang Nhân, Lê Thành Ý, Nguyễn Hữu Tùng.

Ban cố vấn đầu tiên: Bs Đào Đức Hoành, Nguyễn Nhiệm, Hoàng Ngọc Đính, Nguyễn Thế Huy

Kiểm soát tài chánh: Bs Lê Lữ, Hồ Thị Hường (26 năm), Lê Thành Ý (20 năm).

Số báo đầu tiên:

- Nội San Hội Ái Hữu Y Sĩ Việt Nam tại Canada số 1, 7/1976,
- Lúc báo phát hành nhiều nhất: 1986-1997: trên 1500

bản gửi khắp thế giới,

- 11/2025: khoảng 350 số.

Niên liễm và tương trợ

- đến năm 1980:10-20 $ Can mỗi 3 tháng theo khả năng,
- từ năm 1995: niên liễm là 200$ Can (và ít nhiều tùy hỷ), có người đề nghị lên 300 Can năm 1997 nhưng BCH đương nhiệm không đồng ý.

Viên gạch đầu tiên

Thành tựu đầu tiên các Y sĩ VN tại Canada năm 1976:

60 Bs trúng tuyển thi khảo hạch tương đương Quebec

6 Bs xong Nội Trú :

- Bs Lê Dư Khương
- Bs Lưu Thế Tế
- Bs Lưu Thanh Vũ
- Bs Nguyễn Đình Hào
- Bs Nguyễn Lương Tuyền
- Bs Nguyễn Thế Huy

KHỐI HUẤN LUYỆN

Vai trò tối quan trọng của Khối huấn luyện là cấu tạo cột sống cho Hội hình thành và trường tồn.

Mục đích

Trong thời kỳ đầu mới đến tỵ nạn (1975-1990), Khối huấn luyện giúp cho:

- Các bác sĩ mới đến học tập thi vào nội trú

- Tương thân tương trợ giúp đỡ đồng nghiệp tái hành nghề (lập nhóm học tập và cho tài liệu, sách học, bài luyện thi, cho lời khuyên và chỉ dẫn thủ tục thi vào Corporation des Médecins du Québec),

Danh xưng

KHỐI HUẤN LUYỆN mang rất nhiều danh xưng theo nhu cầu và thời cuộc.

- Thuở ban đầu : Ban Học Hành, Ban Học Tập, Ban Học Vụ

- Ban Tu Nghiệp Y Khoa Liên Tục (ghi trên danh sách BCH 2 kỳ báo)

- Có lúc cùng có cả Ban Học Tập (chờ chỗ, luyện thi) và Ban Tu Nghiệp Hậu Đại Học (đã hành nghề) và Ủy Viên phụ trách luyện thi tuyển tiền nội trú, tiền thường trú

- Từ 1994 gom lại thành KHỐI HUẤN LUYỆN

- từ hơn 28 năm được Y Sĩ Đoàn Quebec và các Đại Học cấp Tín Chỉ Chính Thức

Bác sĩ phụ trách: Trưởng Khối & Ủy Viên

Công việc chính của các ủy viên và trưởng khối là giúp nhau học trở lại nghề bằng cách:

- Khuyến khích học nhóm, phổ biến *"bài tủ"*, quiz, sách quý, tài liệu bổ ích

- Các buổi luyện thi (**mời-nhờ** bác sĩ đã qua cầu thuyết trình, mở lớp học, lớp thực tập (tại các tư gia, đi Quebec, hay tại clinique tư, trụ sở HYS đường Victoria…)
- Can thiệp tích cực với Y Sĩ Đoàn Quebec (Bs Hồng, Bs Thạch, Bs Trác, Bs An) và chính quyền liên bang Canada và tỉnh bang Quebec (Bs Thạch nhiều lần nhất)
- Xin chỗ nội trú, tiền nội trú (bị thử xem giò xem cẳng), xin thêm quota.

Các ủy viên phụ trách: Bs Từ Uyên, Lý Hồng Sen, Nguyễn Thế Minh, Vũ Ngọc Điển, Lê Đức Tâm, Lê Văn Long, Phạm Thị Thanh Dung…

Trưởng khối: Vai trò nổi bật của trưởng khối là Bs Đặng Phú Ân (30 năm) từ 1997 đến nay cùng với những hoạt động khác như :

- Vận động xin yểm trợ tài chánh cho các lớp học và Đại Hội Thường Niên,

- Hợp tác với Ban Biên Tập TSYS phổ biến những bài khảo cứu.

Nhờ khối huấn luyện làm việc tích cực mà phần lớn anh chị em trở lại nghề và số hội viên tăng đều từ 81 (7/1976), lên 90 (3/1977), 145 (11/1979), khoảng 300 (11/1982).

HỘI ÁI HỮU Y SĨ VIỆT NAM TẠI CANADA

Là danh xưng đầu tiên trên Nội San số 1 tháng 7 năm 1976, trở thành Ban Chấp Hành từ tháng 8/1980.

Mục đích:

- Quy tụ các Bs VN sống tại Canada để

- phát triển tương thân tương trợ trong các lãnh vực chuyên môn, văn hóa, xã hội

- phát triển thân hữu giữa hội viên và đồng bào và các đồng nghiệp ngoài Hội cùng tôn chỉ.

Tôn chỉ: Tự Do và Nhân Ái

Điều lệ và nội quy

- Dự thảo 11/1977, chính thức 02/1978 (HT: Bs Hồng)

- Tu chính 1 : 15/10/1990, (HT: Bs Trác)

- Đại tu chính 2 : 21/10/2007 do một Ủy Ban Nghiên cứu đệ trình (HT: Bs Ngọc)

- Tiểu tu chính 3, **điều 15**, tại Đại Hội Đồng ngày 28/10/2017: nhiệm kỳ Hội Trưởng và BCH tăng từ 2 lên 3 năm (HT: Bs Trâm Anh).

Ban đại diện (21/6/1976)

- Chủ tịch : Bs Nguyễn Tấn Hồng, (sau 1980 danh xưng là HỘI TRƯỞNG)

- Phó Nội Vụ : Bs Phạm Vận,

- Phó Ngoại Vụ : Bs Nguyễn Văn Huệ,

- Tổng Thư Ký : Bs Nguyễn Hữu Tùng,

- Thủ Quỹ : Bs Nguyễn Đức Quảng,

- chỉ có 2 Ban : Học Hành và Báo Chí và Sinh Hoạt

- Các ủy viên đầu tiên : Bs Từ Uyên (Học Hành), Lê Văn Châu, Lê Thành Ý, Lý Hồng Sen, Mạc Văn Trọng (Báo Chí và Sinh Hoạt)

Tiếng thở dài

Sau 50 năm viễn xứ, nay nhìn lại bản hùng ca của mấy trăm bác sĩ tỵ nạn cộng sản sang định cư tại Montreal, mọi người đều thấy vai trò của Khối huấn luyện đã giúp cho mấy trăm bác sĩ trải qua tốt đẹp giai đoạn chót của bản hùng ca. Tuy nhiên, trong bản hùng ca hào hùng vẫn còn vẳng đâu đây tiếng thở dài của mấy chục bác sĩ không trở lại được nghề cũ vì nhiều lý do nhất là vấn đề tuổi tác.

2. Giai đoạn an cư lạc nghiệp

Giai đoạn an cư được đánh dấu bởi 2 sự kiện quan trọng:

- Sự ra đời của **Hội Y Sĩ Việt Nam Tai Canada** được tỉnh bang Quebec công nhận (Lettres de patentes) ngày 30/3/1979 và đóng thuế hàng năm.

- Khối huấn luyện hậu đại học

Danh mục HỘI TRƯỞNG

1975-1982: Bs Nguyễn Tấn Hồng

1982-1989: Bs Lâm Văn Thạch

1989-1992: Bs Phạm Hữu Trác

1992-1997: Bs Thân Trọng An (người đầu tiên bị lưu nhiệm 1 năm)

1997-2001: Bs Nguyễn Thanh Bình

2001-2005: Bs Trần Đình Thắng,

Bs Đặng Đình Quảng (tháng cuối vì BS Hội Trưởng đắc cử chủ tịch

Cộng Đồng)

2005-2009: Bs Đào Bá Ngọc

2009-2015: Bs Lê Quang Tiến (lưu nhiệm 1 nhiệm kỳ 2 năm)

2015-đến nay: Bs Nguyễn Hữu Trâm Anh (lưu nhiệm 2 nhiệm kỳ)

Hội trưởng sáng lập
Nguyễn Tấn Hồng

Đệ nhị hội trưởng
Lâm Văn Thạch

Đệ tam hội trưởng
Phạm Hữu Trác

Đệ tứ hội trưởng
Thân Trọng An và
Đệ ngũ hội trưởng
Nguyễn Thanh Bình

Đệ lục hội trưởng
Trần Đình Thắng

Đệ thất hội trưởng
Đào Bá Ngọc

Đệ bát hội trưởng
Lê Quang Tiến

Các thủ quỹ

1) Bs Nguyễn Đức Quảng, 7 năm

2) Bs Mạc Văn Phước, 7 năm

3) Bs Phan Văn Thành, 8 năm,

4) Bs Nguyễn Ngọc Tân, đang 28 năm

Vận động tài chánh

- Ban Tổ Chức Đại Hội Y Nha Dược thế Giới Montreal 1997

- Bs Lê Thị Quí, Bs Lê Phước Hoàng, Bs Nguyễn Hữu Trâm Anh

- Bs Đặng Phú Ân nghĩ ra cách lồng sau một *"buổi học y khoa"* các buổi sinh hoạt, các Đại Hội Thường Niên để được tài trợ một cách hợp lý và hợp pháp, tiết kiệm tài chánh và thời giờ cho Hội và hội viên.

Khối Huấn Luyện Hậu Đại Học.

Sau khi một số bác sĩ tỵ nạn đã trở lại hành nghề thì Hội Y Sĩ Việt Nam lập Ban Học Tập tổ chức các buổi diễn thuyết về y học do các diễn giả đầu tiên như giáo sư Nguyễn Thế Minh (Uỷ viên học tập), Bs Lý Hồng Sen, Bs Vũ Ngọc Điển. Ban Học Tập sau đổi tên là Khối Huấn Luyện Hậu Đại Học.

Mục đích:

1) cập nhật hoá về kiến thức y học hiện đại các tiến bộ trong y khoa hiện đại, nắm vững được tình trạng y tế, dịch bệnh của Québec, Canada và các nơi trên thế giới với các thuyết trình viên gồm quý vị giáo sư uy tín tại các Đại học Y Khoa Québec, Canada.

2) Hoàn tất các thủ tục xin chấp nhận tín chỉ[1] (credits) chính thức cho các buổi học trong năm của các hội viên đáp ứng các đòi hỏi của Y sĩ Đoàn (Collège des Médecins du Québec) và F.M.O.Q, F.M.S.Q về các tín chỉ cần có cho việc tiếp tục hành nghề theo luật định.

Thành phần Khối Huấn Luyện Hậu Đại Học năm 1997:

Trưởng khối: Bs Đặng Phú Ân (đảm nhiệm liên tục từ 28 năm cho đến nay)

Phụ tá Trưởng khối: Bs Lê Thành Ý

1 Các chứng chỉ cấp phát bởi Khối Huấn Luyện Hậu Đại Học, Hi Y Sĩ Việt Nam tại Canada được chính thức chấp nhận bởi F.M.O.Q, Collège des Médecins Quebec, Regie de l'Assurance Maladie du Quebec (RAMQ) để hội viên nhận được số các tín chỉ cần thiết và bắt buộc, đáp ứng theo tiêu chuẩn căn bản của Y sĩ đoàn (Collège des Médecins du Québec) để có thể được hành nghề theo luật định

Uỷ viên: Bs Đỗ Duy Ân, Bs Lê Thị Quí, Bs Trần Văn Dũng, Bs Kiều Khánh Giao, Bs Đào Bá Ngọc, Bs Phan Xuân Tuấn.

Cố vấn: Bs Vũ Ngọc Điển

Thành phần diễn giả:

Diễn giả ngoại quốc của các Đại học Montréal, McGill, Sherbrooke,

Diễn giả Việt Nam như Bs Nguyễn Hữu Trâm Anh, Bs Trương Ngọc Uyên, Bs Dương Đình Huy, Bs Lê Đức Tâm v.v....

Đội ngũ Moderateur (Điều Hợp Viên) được tăng cường rất đông như: Bs Đỗ Duy Ân, Bs Trần Văn Dũng, Bs Phạm Thị Thanh Dung, Bs Vũ Ngọc Điển, Bs Kiều Khánh Giao, Bs Đào Bá Ngọc, Bs Lê Thị Quí, Bs Phan Xuân Tuấn, Bs Nguyễn Hữu Tùng, Bs Lê Thành Ý...

Đặc biệt nhất năm 1997 Khối Huấn Luyện Hậu Đại Học Hội y sĩ Việt Nam tại Canada đã nhận trọng trách tổ chức phần hội thảo chuyên môn cho Đại hội quốc tế y nha dược sĩ quốc tế Việt Nam tự do. Bs Nguyễn Trùng Khánh và Bs Đặng Phú Ân đã phụ trách phần Hội thảo chuyên môn Y khoa tại Montreal (phần I) với sự trợ giúp của Bs Soma Ganesan tại Vancouver (phần II). Một chương trình hội thảo đã thu hút được cả ngàn tham dự viên Y Nha Dược sĩ khắp nơi trên thế giới tụ về thành phố Montréal và Vancouver.

Hình Khối Huấn Luyện Hậu Đại Học HYSVN-C với BS Jean Pierre Raynauld, GS ĐHYK Montréal, diễn giả, BS Đặng Phú Ân, điều hợp chương trình thảo luận cùng các BS tham dự của Hội Y Sĩ VN tại Canada (trong hình này có sự hiện diện của BS Thân Trọng An, BS Dương Đình Huy, Dương Hồng Huy, Lê Văn Châu, Lưu Thanh Phi, Trần Văn Dũng, Trần Văn Cương, Lê Thành Ý, Đào Bá Ngọc, Nguyễn Ngọc Tân Hồ Quang Nhân, Lê Thị Quí, Lê Quang Tiến, Trương Thị Kim Nhi v.v.)

Nhân vật đáng ghi nhớ

Bs Nguyễn Tấn Hồng: Hội Trưởng sáng lập

Ông nguyên là Trung tá y sĩ trưởng của không quân QLVNCH. Khi ông Tư Lệnh không quân làm Thủ Tướng chính phủ thì mời ông làm Bộ Trưởng Bộ Thanh Niên. Ông ăn nói rất khéo léo, cư xử rất mềm mỏng nên ai ai cũng thương yêu quý trọng. Ông cũng rất thông minh và quyền biến, thường hoá giải dễ dàng những khúc mắc cuộc sống. Ngoài ra ông cũng giỏi hành chánh và cách thức làm việc qua kinh nghiệm điều hành khối Quân Y Không Quân và guồng máy chính phủ VNCH, do đó, những bác sĩ bơ vơ lạc lõng thuở mới sang đồng thanh bầu ông *"lãnh đạo"* trong việc vận động tranh đấu tìm cách trở lại nghề cũ. Sau 7 năm cáng đáng trọng trách ông nhường chức Hội Trưởng cho y sĩ trung tá Lâm Văn Thạch.

Bs Phạm Hữu Trác, năm 1989 được Bs Thạch ủy nhiêm, đã tổ chức thành công tại Montréal tháng 7 năm 1987, Hội Nghị quốc tế đầu tiên y sĩ tỵ nạn đưa đến thành tựu tập hợp tất cả dưới môt danh hiệu Hội Quốc Tế Y Sĩ Việt Nam Tự Do vào năm 1991 tại Paris.

Năm 1995, tất cả ngành y tế tập hợp thành Hội Y-Nha-Dược sĩ Việt Nam Thế Giới Tự Do với Bs Nguyễn Xuân Ngãi (San Jose) làm đệ nhất chủ tịch và Bs Thân Trọng An làm đệ nhị chủ tịch. Năm 1997, Bs Thân Trọng An đã cải cách tổ chức trong kỳ đại hội 2, các cải cách này vẫn được áp dụng cho đến ngày nay. Năm 1989 ông là vị chủ tịch thứ ba

Bs Nguyễn Hữu Trâm Anh: Hội trưởng thứ 9 đương nhiệm

Là Hội Trưởng trẻ tuổi nhất và nữ HT đầu tiên. Bà là một Bác sĩ chuyên Khoa ngành gây mê và Giáo Sư thạc sĩ (Professeur Agrégé) của Đại Học Y Khoa Montreal, đương kim Chủ Tịch Ban Chấp Hành Hội Y Sĩ Thế Giới, diễn giả rất nhiều bài Y Học tại Bắc Mỹ, Giám Đốc Chương

Trình Chỉ Thống (Clinique des douleurs) tại Bệnh Viện Maisonneuve–Rosemont. Bà nổi tiếng khi Radio Canada phát hình chương trình *"Ghép mặt người đầu tiên trên thế giới"* tại Montreal để tán dương Y Học Canada và Bà là y sĩ trưởng của ban gây mê trong cuộc giải phẫu này.

Khi Bs hội trưởng thứ 8 Lê Quang Tiến mãn 2 nhiệm kỳ và một nhiệm kỳ bị lưu nhiệm thì cả BCH hiện diện yêu cầu Bà đảm nhận hội trưởng nhưng Bà đã từ chối rồi nhận lời sau khi Bs Tiến gọi điện thoại đến phu quân là Bs Dương Đình Huy. Theo truyền thống thuận vợ thuận chồng thì tát biển đông cũng cạn nên người phụ nữ việt nam thường hành xử cho vợ chồng hòa thuận với nhau trong những việc lớn.

Bà rất hăng say trong công việc, và khi đã quyết làm việc gì thì hết lòng không ngán chướng ngại, không sợ gian nan, và đặc biệt không tiếc bỏ tiền túi. Rất bộc trực và tháo vát nên vài khi dễ bị hiểu lầm.

Ngoài ra Bà còn là một đầu bếp thuộc loại cordon bleu nên những buổi họp BCH tại tư gia anh em thường được đãi không tiểu thì đại yến. Bà là gạch nối nhận lửa từ lớp đàn anh.

Ảnh Bs Hội Trưởng thứ 9 Trâm Anh đang trao Bảng Ghi Công cho các Hội Trưởng thứ 5 Nguyễn Thanh Bình, thứ 7 Đào Bá Ngọc và thứ 8 Lê Quang Tiến. Vì HT thứ 6 Trần Đình Thắng kẹt không dự được nên bảng ấy sẽ nhờ một người bạn thân đem trao sau.

Bs Trâm Anh và Bs Bình

và Bs Ngọc

và Bs Tiến

với Bs Hồ Thị Hường

và Bs Lê Thành Ý

Phó Bảo với thủ quỹ Tân

Bs **Trần Đình Thắng**

Bs Trần Đình Thắng, Hội Trưởng thứ 6 là người có tâm huyết, rộng lượng và thấy xa. Làm việc rất cẩn trọng, lúc nào cũng *"có plan B"* thủ thế trong trường hợp gặp rắc rối. Rất thẳng tính, nhưng khéo léo, hào phóng, thường bỏ tiền túi sang Hoa Kỳ thu xếp công việc của HQTYNDSVNTD và luôn luôn hiệu quả. Khi thấy CĐNVQGVM gặp rắc rối nội bộ, ông hy sinh ra ứng cử chức Chủ Tịch để hoá giải mọi rắc rối một cách êm đẹp. Từ khi bớt sung sức, ông rút lui gần như ẩn cư nhưng vẫn đóng niên liễm nhiều lần mỗi năm.

Bs **Đặng Đình Quảng**

là một nhân vật hữu công thầm lặng trong Hội, từng là Phó Nội Vụ, rồi làm *"Quyền Hội Trưởng duy nhất"* trong một tháng khi Bs Hội Trưởng thứ sáu Trần Đình Thắng xung phong ra làm Chủ Tịch BCH/ CDNVQGVM để giải toả bế tắc. Xin nhắc đến tài ăn nói khi ông làm MC và nhất là ca ngợi giọng hát điêu luyện và truyền cảm của ông.

Bs **Lê Thị Quí** :

Bà là một anh thư đắc lực, tận tâm, và sốt sắng, đặc biệt trong hai thập niên 1990 và 2000, khi đảm nhiệm các vai trò Ủy viên và Phó Hội Trưởng Ngoại vụ với các đặc tính đáng ghi nhớ sau:

- Rất duyên dáng và xuất sắc trong vai trò Phát ngôn viên tại Lễ Khai Mạc Đại Hội Y Nha Dược sĩ Thế Giới kỳ II tổ chức tại Montreal năm 1997, góp phần đem lại thành công mỹ mãn cho buổi lễ.

- Khéo léo liên hệ tốt đẹp với Y Sĩ Đoàn Quebec trong mọi giao tiếp, và thương thuyết với các hãng du lịch, giúp anh chị em mua vé máy bay đi tham dự các Đại Hội quốc tế với giá hợp lý.

- Tích cực đóng góp trong Khối Huấn Luyện, điều hợp nhiều buổi học Hậu Đại Học, cũng như thuyết trình trong Ngày Y Tế.

Dù không chịu nhận vai trò lãnh đạo cao nhất, bà vẫn luôn hiện diện, tận tâm, với tinh thần phục vụ cao cả đã góp phần vun đắp cho sự phát triển vững mạnh của Hội trong hai thập niên trên.

Bs Lê Thị Quí và Ns Ngô Văn Khải mở màn Lễ Khai Mạc

Bs **Lê Quang Tiến: Tình Huynh Đệ Chi Binh**

Một sự kiện ai cũng biết nhưng ít khi viết ra là công tác tri ân thương phế binh VNCH. Mỗi năm, trong nhiều dịp lễ hay tiếp tân quan trọng, đều có phong trào quyên tiền gửi về giúp các thương phế binh trong nước.

Với tinh thần huynh đệ chi binh, với truyền thống *"không bỏ anh em"*, các cựu quân nhân và đồng bào rất thường xuyên quyên góp gửi trợ giúp vì họ

"Tiếc gì xương máu cơn nguy biến
Đâu kể lầm than giữ cõi bờ"

(Trần Kim Vân)

Bs Nhảy Dù Lê Quang Tiến, Hội Trưởng thứ 8 HYSVNC, rồi Chủ Tịch Hội Nhảy Dù quá nhiều nhiệm kỳ, xúc tiến công tác đó một cách đều đặn suốt hơn 30 năm qua, và được hưởng ứng nhiệt liệt.

Mỗi chiều khi đi làm về là ông đọc hết thư từ nhận trong ngày, lập danh sách trợ giúp theo ngân quỹ đã gom được, rồi tìm cách chuyển về vài cựu đồng đội khả tín để tận tay trao đến người có nhu cầu cấp bách giúp họ qua cơn cùng quẫn. Ông làm công tác đó cần mẫn suốt ngày này qua ngày khác, hết tháng này sang tháng nọ trên 35 năm nay. Ông chuyển đến mạnh thường quân những lá thư cảm tạ từ đồng đội cũ để minh chứng công việc mang chút an ủi đó cho kẻ không may.

Bs **Nguyễn Ngọc Tân**, Thủ Quỹ trẻ tuổi và thâm niên

nhất từ 28 năm nay, rất hữu hiệu khi nhắc hội viên đóng niên liễm, yêu cầu ký chi phiếu mà không ai nỡ quên, đưa ra những quyết định cắt giảm chi tiêu của Hội để Quỹ Hội đủ sức tồn tại mà sinh hoạt ví dụ như hủy bỏ Trụ Sở tại đường Victoria, kéo dài kỳ hạn số báo phát hành hằng năm, từ mỗi 3 tháng thành 4 tháng một số, kiểm soát kỹ không gửi báo đến những vị ít hay không còn liên lạc tài chánh với Hội hoặc là những ai báo bị trả về vì không báo tin đổi địa chỉ và vân vân …

Bs Trần Văn Cương. Nếu hỏi ông bác sĩ Việt nào được

nhiều người tỵ nạn yêu mến nhất? Đa số sẽ trả lời là Bs Trần Văn Cương. Sau khi làm thiên chức *"Quên mình, cứu người"* thì ông ấy vác máy ảnh đi *"Quên mình, chụp người"* mỗi khi Hội Y Sĩ hay Cộng Đồng có sanh hoạt. Nhờ các hình chụp của Bs Cương mà các bác sĩ cũng như người tỵ nạn đôi lúc tìm lại được thời gian đã mất khi nhìn lại khoảnh khắc (thời gian) và người đứng cạnh mình tại đại hội (không gian) mà tình cảm lại dạt dào như văn hào Pháp M. Proust viết « *Le souvenir d'un lieu* (espace) *n'est que le regret d'un certain instant* (temps) » (Nhớ lại một nơi chốn nào đó tức không gian như đại hội chỉ là luyến tiếc một khoảnh khắc tức thời gian như lúc các bác sĩ gặp lại bạn bè xưa).

Đóng góp thâm niên nhất từ năm 1975

- Bs Lê Thành Ý : ủy viên báo chí, sinh hoạt, họa sĩ, trình bày TSYS

- Bs Trần văn Dũng : trưởng ban văn nghệ, ca sĩ, Mc, tổ chức sanh hoạt.

Vận động tài chánh :

Các Bs Đặng Phú Ân, Nguyễn Hữu Trâm Anh, Lê Phước Hoàng, Lê Thị Quí.

Sinh khí mới

Một sự kiện đáng mừng là từ 2 đại hội thường niên 2022 và 2024, các Y sĩ trẻ thuộc thế hệ thứ hai (trên dưới 40 tuổi thí dụ như Bs Đỗ Quốc Bảo) đến tham dự khoảng 20 vị, vài vị đóng góp niên liễm rất hào phóng. Hy vọng các *"mầm non"* này mang thêm sinh khí và sớm dấn thân bắt đầu tiếp nối tinh thần Người Việt Quốc Gia của lớp đàn anh. Tin giờ chót, năm 2025 này có thể có thêm 2 ủy viên trẻ gia nhập Ban Chấp Hành.

Sức sống của Hội

Hội Y Sĩ là Hội sống lâu nhất cho đến nay là nhờ các yếu tố sau :

- Thế hệ 1 già nua đã tạo nên những truyền thống tốt đẹp (tương thân, tương trợ, đoàn kết, không tranh dành, cấu xé nhau ...) cho thế hệ sau noi theo,

- Từ năm 2015, Bác sĩ trẻ Nguyễn Hữu Trâm Anh thuộc thế hệ 2 làm Hội trưởng, tiếp nối ngọn đuốc truyền thống của Hội. Tại Montreal, có rất nhiều hội đoàn đang biến mất dần vì không có truyền thống nên *"tre già mà không có măng mọc"*.

Chương 2
SINH HOẠT

Sau khi mọi người đã tạm thời an cư lạc nghiệp, Hội bắt tay vào việc tổ chức sinh hoạt phục vụ đồng nghiệp và đồng hương:

- Tham dự cơ chế Cộng đồng
- Phục vụ đồng nghiệp, đồng hương,
- Sinh hoạt với y sĩ quốc tế..

1. Tham dự cơ chế Cộng Đồng

Tham dự kiện toàn CĐNVQGVM

Ngay năm 1975, khi còn còn chân ướt chân ráo, người y sĩ đã góp phần xây dựng Cộng Đồng Người Việt Quốc Gia Vùng Montreal và phụ cận như :

- Lãnh đạo Hội Đồng Quản Trị : Chủ Tịch Bs Từ Uyên, Bs Lâm Thu Vân kế nhiệm (trước đó đã làm chủ tịch Ban Chấp Hành),

- Lãnh đạo Ban Giám Sát : Bs Trần Mộng Lâm, Bs Nguyễn Như Thành, lãnh trọng trách chủ tịch Ban Giám Sát, hậu thân của Hội Đồng Quản Trị,

- Chủ tịch Ban Chấp hành CĐNVQGVM: Bs Nguyễn Quang Bình, Nguyễn Lương Tuyền, Phùng Văn Hạnh, Trần Đình Thắng, Bs Đào Bá Ngọc nối tiếp phu nhân Đặng Thị Danh làm chủ tịch BCH thêm 10 năm nữa.

Bs Từ Uyên

Bs Lâm Thu Vân

Bs Trần Mộng Lâm

Bs Nguyễn Như Thành

Đóng góp việc Cộng Đồng Người Việt Quốc Gia tại các nơi khác

- Tại Ottawa, Bs Trần Lê Hồng Phúc hiện nay cũng đang gánh một trọng trách cho Liên Hội Người Việt Canada.

- Tại Calgary, Bs Trương Hữu Độ xả thân vác ngà

voi từ cả hơn 20 năm nay, (đang lo gây quỹ để xây dựng tượng đài thuyền nhân)

- Tại Vancouver, Bs Nguyễn Quang Bình đến từ Montreal cũng đã có lúc làm chủ tịch BCH Cộng Đồng.

Và chưa kể nhiều y sĩ khác đã góp công sức, tài chánh trong các chức vụ khác của BCH hay đóng vai cố vấn hay thiện nguyện

2. Phục vụ đồng nghiệp, đồng hương

Thuyết trình y học tại các cơ quan

Địa điểm thuyết trình: CLSC Côte des Neiges,St Laurent, Hội Tuổi Vàng Rồng Vàng, SAIM, Cộng đồng công giáo Việt Nam,

Đề tài thuyết trình: viêm phổi, đau lưng, áp huyết cao, tiểu đường, bệnh tim mạch, suy thận, bướu tiền liệt tuyến, nhiễm trùng đường tiểu …

Thuyết trình viên: Bs Đặng Phú Ân, Nguyễn Công Lượng, Cấn Thị Bích Ngọc, Trương Ngọc Uyên, Kiều Khánh Giao,

Nói chuyện và trả lời thắc mắc y khoa

Bs Đặng Phú Ân phụ trách trên truyền thanh: Đài tiếng nói Việt Nam, đài tiếng nói Hoa Kỳ VOA và truyền hình TVA (chương trình Echo),

Bs Đặng Phú Ân, Dương Đình Huy, Cấn thị Bích Ngọc, Trần Lê Hồng Phúc trong chương trình YouTube của Liên hội người Việt Canada, Trung tâm người Việt Canada, website Vietnam của CĐNVQGVM

Phổ biến y khoa thường thức trên báo: Báo Quốc gia, Thời báo, Saim (Bs Đặng Phú Ân)

- Tổ chức Ngày Y Tế thường niên tại Ville St-Laurent phục vụ đồng hương từ gần 30 năm
- Mở Quầy Y Tế tại Chợ Tết mỗi năm của Cộng Đồng Người Việt Quốc Gia Vùng Montreal và Phụ Cận

Hình thức phục vụ đồng nghiệp, đồng hương và dân chúng Canada

Giúp nhau lúc khó khăn ban đầu

- Can thiệp với LifeLine Toronto xin trợ cấp cho anh em học chương trình luyện thi Kaplan,

- Lập quỹ cho vay không lời giúp đóng lệ phí, khi nào trả cũng được, quên cũng không ai đòi.

Sinh hoạt phục vụ xã hội tại Montreal

- Ủy ban cứu trợ thuyền nhân tại các trại tỵ nạn ĐNÁ (Điều hợp viên là Bs Nguyễn Đức Đỉnh, có thư cám ơn của Bà Đại Sứ Hoà Lan tại Thái Lan, của trại tỵ nạn tại Thái, và nhiều lần khác nữa gửi tiền đến nhiều trại tỵ nạn các nơi khác…)
- Tham dự vớt thuyền nhân biển đông trên tàu Ile de Lumières (Bs Lê Văn Châu 1988)
- bảo lãnh di trú vào Canada (Bs S.G. từ Ấn Độ, Bs N.P.C., một người con đồng nghiệp từ đảo…)
- trợ giúp đồng nghiệp ở trại tỵ nạn hay vị khác gặp

nạn tại Canada (không tiện nêu tên)

- Can thiệp với Cao Ủy Tỵ Nạn LHQ giúp thuyền nhân tại các trại ở Hồng Kông, Phi Luật Tân…
- Nhiều đồng nghiệp giúp công sức và tài chánh với tư cách cá nhân để phục vụ tại các trại tỵ nạn như thông ngôn, trị liệu, giải thích, an ủi…hay trong chương trình Lifeline… (các Bs Đào Thị Hồng Trang, Cấn Bích Ngọc, Phạm Vũ Diệu, Nguyễn Hữu Tùng, Nguyễn Đức Đỉnh …)
- Yểm trợ tài chánh các sinh hoạt thường xuyên của Cộng Đồng với tư cách Hội Đoàn hay cá nhân.
- Đóng góp cứu trợ (vd cơn băng 1998 giúp Croix Rouge…và trong nhiều tai ương khác nữa),

Đóng góp vào văn hóa

- Đóng góp xây tượng đài Thuyền Nhân tìm tự do :

- tại Ottawa (1995): HYSVNC kêu gọi quyên được một số tiền đáng kể,

- tại Mont-Royal (2021): công sức của nhiều Y sĩ ẩn danh trong HYSVNC yểm trợ BTC (Bs Dương Đình Huy, Bs Cấn Thị Bích Ngọc)

- tại Mississauga (phụ cận Toronto) 2019 do Cộng Đồng thực hiện,

- tại Calgary: Bs Trương Hữu Độ & Lâm Liêu Kim đề xướng và làm Trưởng Ban Tổ Chức.

- Ra mắt sách của Mai Kim Ngọc chung với Văn Bút gây quỹ giúp Thuyền Nhân,1989, trao tặng phẩm và tiền tại chỗ cho Uỷ Ban Cứu Người Vượt Biển (CT: Gs Lê Văn Mão)

Đại Diện HYS đang trao 1 tặng phẩm đến Gs Lê Văn Mão, CT Hội Cứu Người Vượt Biển

Thảo luận về Văn Hoá chung với Văn Bút Qc Bs Trần Văn Tích (phải) từ Tây Đức sang

Cả hai sinh hoạt này đều tổ chức tại thính đường âm nhạc Vincent D'Indy, mời đồng hương cùng dự thính, và vào cửa tự do.

- Thuyết trình về chủ đề Văn Hoá chung với Văn

Bút Quebec, diễn giả: Bs Trần Văn Tích, từ Tây Đức sang thuyết trình

- Cùng với hai Hội Dược và Nha tổ chức Ngày Y tế hàng năm, Dạ Tiệc Mừng Xuân sau mỗi kỳ Tết
- Thuyết trình y tế qua truyền hình, webside với :

- Liên Hội Người Việt tại Canada Bs Đặng Phú Ân, Bs Lê Hồng Phúc,

- Trung Tâm Người Việt Canada tại Ottawa (Bs Đặng Phú Ân, Bs Dương Đình Huy, Bs Cấn Thị Bích Ngọc)

- Đặc biệt là trong cuộc chiến Ukraine chống quân xâm lăng Nga, Bs Nguyễn Quang Hưng đã tình nguyện sang góp công chữa trị thương binh và nạn nhân chiến tranh.

3. Sinh hoạt với Y sĩ quốc tế

Nhịp cầu liên lạc khắp nơi

- Với các y sĩ VN trên thế giới tự do
- Và với các Nha sĩ, Dược sĩ qua Nội San HYS, TSYS,
- Phát hành NIÊN GIÁM Y SĨ VN TGTD (1989, 1991, 1993, 1995, 1997, 2002, 2008)
- Đại Hội Thường Niên và bầu cử thường xuyên ngoại trừ khi bị COVID19 làm gián đoạn 2 năm, trở lại bình thường các năm 2022, 2024, và 2025
- Dạ Tiệc Tân Niên hàng năm của HYS từ 1979

- Và thành truyền thống với Gia Đình Y Nha Dược sĩ từ 1983

Tổ chức Đại Hội

Đại Hội **Y Sĩ toàn cầu đầu tiên** tại Montreal năm 1987

- vai trò quan trọng của HYSVNC trong việc thành lập HQTYSVNTD từ năm 1991

- cùng thiết lập Điều lệ và Nội Quy dựa vào bản của HYSVNC (Bs Trác đi Pháp, Hoa Kỳ thảo luận và thiết lập các văn kiện căn bản)

- chủ tịch HĐĐD (Bs Phạm Hữu Trác, BS Trần Đình Thắng, Bs Đào Bá Ngọc)

- chủ tịch BCH (Bs Thân Trọng An, Bs Cấn Thị Bích Ngọc, Bs Nguyễn Hữu Trâm Anh)

Đại Hội Quốc Tế Y Nha Dược Sĩ

- Đại Hội QT **YNDS** VNTD kỳ 2 tại Montreal-Vancouver 1997

- Đại Hội QT **YNDS** VNTD kỳ 7 tại Toronto chung với HYS Toronto năm 2011

- Đại hội QT **YNDS** VNTD kỳ 9 tại Philadelphia năm 2018

(Trưởng Ban tổ chức Bs Trần Đại Sơn của Philadelphia, CT/BCH Bs Cấn thị Bích Ngọc của Canada, Kỷ yếu do Khối Báo Chí HYS Canada thực hiện)

Mô tả Đại hội quốc tế YNDS VNTD kỳ 2

Năm 1997, Đại Hội Quốc Tế Y Nha Dược Sĩ Việt Nam kỳ 2 tổ chức tại Palais des Congrès de Montreal vẫn được xem như là Đại Hội thành công nhất trong 9 Đại Hội cho tới năm 2018 tại Philadelphia. Rất nhiều y sĩ, nhà văn, nhà thơ, nghệ sĩ từ Âu Châu, Hoa Kỳ, Canada, Úc Châu sang tham dự đông đủ với hơn 300 y sĩ, 100 dược sĩ, 50 nha sĩ. Lễ khai mạc có Thị Trưởng Montreal Pierre Bourque, đại diện Y sĩ Đoàn Quebec, rất nhiều Giáo sư Y-N-D từ khắp nơi bay về. Cả nhà văn nghệ sĩ nha sĩ Tôn Nữ Lệ Ba từ Toronto cũng đến với nhiều màn trình diễn thi nhạc ngoài bài thuyết trình về văn học nghệ thuật. Các văn sĩ nổi tiếng như Vũ Đình Minh (Mai Kim Ngọc), Lê Văn Lân, Huỳnh Hữu Cửu, Hoàng Ngọc Khôi, Trần Xuân Dũng, Nguyễn Xuân Quang cũng thuyết trình và thảo luận về văn học. Bác sĩ võ sư Phạm Gia Cổn, 9 đẳng huyền đai Hapkido, và con cháu đã biểu diễn màn võ thuật độc đáo và xuất sắc. Ca đoàn Áo Trắng của các bác sĩ Hà Thúc Như Hỷ, Võ Văn Tùng đã cống hiến những bài hát quê hương thật ngọt ngào và những vũ điệu *"nghê thường"*. Đêm Dạ Tiệc Gala tại Palais des Congrès đón tiếp hơn 1,200 quan khách rất trật tự, không chen lấn như những Đại Hội trước, và không khí bừng lên khi giới trẻ YND Montreal cùng rủ nhau ra sàn nhảy biểu diễn gây hào hứng để các bậc tôn trưởng *"đạo mạo"* cũng vui lây, nổi hứng kéo nhau ra khiêu vũ, hòa nhập vào tinh thần của chủ đề "TRE GIÀ MĂNG MỌC". Ca sĩ Vũ Khanh hôm ấy cũng để lại nhiều cảm mến trong lòng khán thính giả.

Ca đoàn học sinh trường Hồng Đức sửa soạn hát Quốc ca

Lễ chào cờ có cảnh sát Hoàng Gia chào kính

Diễn văn khai mạc và Hội trường

Bs Lê Thị Quí
Phát ngôn viên của Đại Hội trong Lễ Khai Mạc

Bs Nguyễn Tấn Hồng trao cờ và lòng nhiệt huyết
cho giới trẻ trong Lễ Bế Mạc

Toán hầu kỳ sửa soạn diễn hành khai mạc

Ca đoàn học trò trường Hồng Đức hát Quốc ca

Phát huy Văn Hoá Việt

- **Cơ sở Khuyến Học**: Bs Đặng Phú Ân (chủ tịch), Bs Lâm Thu Vân (HĐ quản trị), khuyến khích con em cố gắng trau dồi học vấn để nâng cao kiến thức, đạo đức và các lớp việt ngữ, tặng các giải thưởng (thường là sách tiếng Việt như truyện Kiều, hoặc về văn hoá Việt như quyển sách của Gs Nguyễn Đình Cát), và nhiều học bổng. Một chương trình hội thảo giáo dục thiếu nhi trong gia đình Việt Nam đã được

CSKH và PHVHVN tổ chức ngày 30-10-1994 tại đại thính đường ĐH Montreal, điều khiển bởi Bs Đặng Phú Ân và Bs Lâm Thu Vân với sự tham dự của hơn 200 nhà giáo (Lê Hữu Mục, Khiếu Đức Long, Hoàng Chiều Nhân), nhân sĩ (Toàn Phong Nguyễn Xuân Vinh, Bs Nguyễn Tiến Cảnh từ Florida qua) và phụ huynh.

- **Trung Tâm Giáo Dục Hồng Đức**: Bs Lại Thế Hưng mở ra nhiều lớp Việt Ngữ, dạy lịch sử Việt Nam, dạy âm nhạc, dạy các bài hát dân gian, dạy luyện võ để giúp con em nói và viết tiếng Việt, để tự tin và duy trì truyền thống tiền nhân.

Ban Hợp ca hát chào cờ trong lễ Khai Mạc là con em học trò của trường Hồng Đức.

Chương 3
TẬP SAN Y SĨ

Nếu Khối học tập cấu tạo nên cột sống của hội bằng cách giúp các bác sĩ tỵ nạn trở lại nghề cũ làm hội viên cho hội thì Tập san y sĩ của Khối báo chí là tiếng nói, là hình ảnh văn hóa của Hội. Hội Y Sĩ phát hành đều đặn Tập San Y Sĩ và chủ bút thứ 9 hiện nay là Bs Thân Trọng An nhận lãnh trách nhiệm từ năm 2007 đến nay. Tập san Y Sĩ đã có tuổi thọ 50 năm với 235 số báo (9/2025) và được coi là tờ báo tỵ nạn tiếng Việt thọ nhất Canada, và có lẽ nhất thế giới hải ngoại.

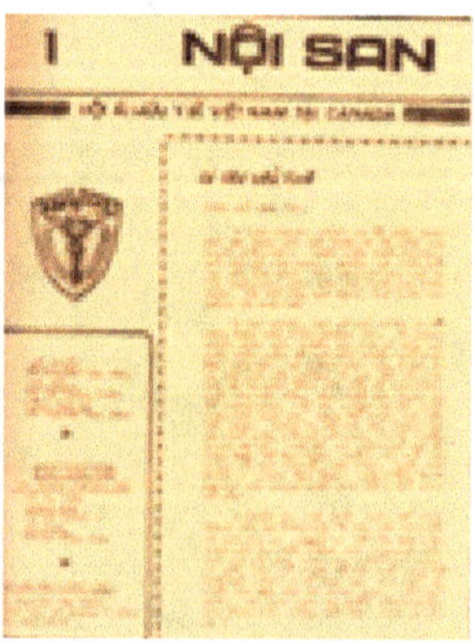
1 NỘI SAN

Nội San 1

TSYS 120

TSYS 200

TSYS 235

Vai trò của Tập San Y Sĩ

Tập san nằm trong Khối báo chí, là:

- Tiếng nói chính thức của HYSVNC do Nội Qui ấn định,

- Sợi dây liên lạc, truyền tải thông tin đến các hội viên và đồng nghiệp trên thế giới,

- Bảo tồn và phát huy văn hóa Việt, tự do, dân chủ, tôn trọng nhân quyền và nhân phẩm con người.

- Chất keo sơn thắt chặt tình thân ái giữa các hội viên và cũng là nơi chi tiêu tốn kém nhất của Hội.

Danh mục CHỦ BÚT

- Bs Trang Châu Lê Văn Châu (5 năm, 24 số)
- Bs Từ Uyên (8 năm, 66 số)
- Bs Phạm Hữu Trác (3 năm, 11 số)
- Bs Dương Hồng Huy (1 năm, 7 số),
- Bs Nguyễn Hữu Nam (1 năm, 6 số)
- Bs Đông Nghi Nguyễn Thanh Xuân (3 năm, 18 số)

- Ban Điều Hành (3-5 người, 2 năm, 10 số từ 1993-1995)
- Bs Nguyễn Thanh Bình (12 năm, 32 số)
- Bs Thân Trọng An (đang 18 năm, 61 số)

Những cây bút chủ lực của TSYS

Xin kể đến vài tên tuổi trong Ban Biên Tập của TSYS, theo vần: Thân Trọng An, Đặng Phú Ân, Nguyễn Thanh Bình, Trần Văn Dũng, Trần Mộng Lâm, các Bs Từ Uyên, Bs Nguyễn Gia Ân, và cố Bs Nguyễn Văn Hoàng, đã "*gác bút*"... Và từ Toronto Hoàng Ngọc Khôi, từ Winnipeg Dã Thảo Nguyễn Xuân Tùng… cũng phải cám ơn các vị thân hữu chủ lực như Gs Thái Công Tụng, Gs Lâm Văn Bé, và từ Âu Châu Bs Phạm Tu Chính, Bs Trần Văn Tích, Kỹ sư Lê Bình Phương, từ Úc Bs Trần Xuân Dũng, từ Hoa Kỳ Bs Nguyễn Dương, Bs Vĩnh Chánh…

Phát hành sách

- Gs Nguyễn Đình Cát: Le Manger et le boire à travers la littérature populaire

- Gs Trần Văn Bảng : Thư Mục Y Giới Văn Thi Nghệ Sĩ « Anthologie des auteurs vietnamiens professionnels de la Santé »,

- Gs Trần Quang Đệ : Pour que la vie des « *hommes en blanc* » ait plus de sens

- Gs Trần Ngọc Ninh : Một số đóng góp vào Y Khoa của Trường Y Khoa Hà Nội (1940-1952) và của Trường Y Khoa Saigon (1954-1972), « Quelques Esquisses de l'Histoire de la Faculté de Médecine de Saigon », Phật Bà

Quan Thế Âm, Nguyễn Du và Truyện Kiều

- Bs Hoàng Ngọc Khôi (Hoàng Xuân Thảo): Mỹ Nhân Tự Cổ Như Danh Tướng (Trần Xuân Dũng tóm lược bằng thơ, Nguyễn Thanh Bình viết lời bàn)

- Bs Nguyễn Trùng Khánh (Tôn Kàn): Thơ Tôn Kàn, Chết em rồi Bác sĩ ơi, Quan Hai lang tây lính thủy đánh bộ

- 100 Tác giả y sĩ: Y Sĩ với Nàng Thơ (tuyển tập)

- 7 Niên Giám Y Sĩ Việt Nam trên Thế Giới Tự Do:1989, 1991, 1993. 1995, 1997, 2002, 2008

Phát hành chung với HQTYSVNTD

- Vàng, Máu và Nước Mắt (nhiều tác giả)

- Nẻo mới vào Văn Học (Lê Phụng, Bs Trần Đức Cương)

- Giáo Dục Y Khoa tại Việt Nam và Lịch Sử Y Học (nhiều Gs Đại Học Y Khoa và Y Sĩ cùng viết)

Những tác giả viết sách chuyên môn về Y Học

Xin kể tên vài vị:

- Bs Nguyễn Trùng Khánh (Toronto) về Siêu Âm

- Bs Nguyễn Gia Khánh (Edmonton) về Cơ Thể Bệnh Lý

- Bs Mai Trung Kiên (Ottawa) về Não Bộ và Tâm Linh

- Bs Đinh Đại Kha (Vancouver) để phổ quát Y Học Thường Thức

- Bs Nguyễn Duy Sản (Who &Who, Toronto) về Khoa

Tâm Thần (The Psychology and Physiology of Stress)

- Bs Nguyễn Văn Hoàng và Đặng Phú Ân: Danh từ y học thực dụng

- Bs Nguyễn Đình Vân (Montreal): Communication in English for Vietnamese Health Professionals.

Bác sĩ văn nghệ sĩ của TSYS

- Bs **Nguyễn Thanh Bình**

Hội Trưởng thứ năm, Chủ Bút TSYS 12 năm, Tác Giả các Mục Thư Tín, Tiếu Ngạo Giang Hồ, Tin Tức Mình được mọi người tìm đọc đầu tiên khi nhận TSYS, đi Pháp và Hoa Kỳ thường đem về nhiều tiền yểm trợ cho TSYS. Bs Bình thường viết với bút danh Bát Sách. Ông giỏi chữ Hán, làu thông thơ văn việt và tàu cổ xưa cũng như sử Tàu và sử Việt, các điển tích, cổ tích và truyện Kim Dung, cũng như chuyện tiếu lâm. Là một thành viên nồng cốt của nhóm Tân Liễu Trai gồm nhiều người từ cả ba châu: Hoa Kỳ, Canada, Pháp, Đức, Úc Đại Lợi. Ông còn làm thơ rất hay, viết văn rất duyên dáng, rất tếu, bằng chứng là nhiều độc giả khi nhận TSYS là tìm đọc trước tiên mục Thư Tín và Tiếu Ngạo Giang Hồ rồi hồi âm là *"cười rung cả giường"*! Ông có một tài là nhớ rất dai những kỷ niệm *"ngày xưa yêu dấu"* và kể lại vanh vách, đôi khi dặm thêm tí muối tiêu cho thêm cay cay và mặn mà. Còn nữa, trong một buổi thảo luận văn học về Truyện Kiều, Ông đã tranh luận với tác giả-diễn giả Lê

Hữu Mục đến nỗi ông ta phải than là *"sợ bác sĩ luôn!"*. Bs Bình còn rất tếu và có khi trêu trọc đàn em mà không bị giận, còn được người đàn em này mời đi ăn nữa mới tài. Vị đàn em này rất năng nổ và giàu lòng phục vụ nên hội nào cũng gia nhập được vì quá trình Ông kể lại đều có thể đúng, rồi lâu năm lên lão làng, leo tới chức chủ tịch hội đó. Lâu dần, bây giờ Ông ta ký tên với rất nhiều chức chủ tịch, nên Bs Bình phục quá mà viết trêu: *"chỉ có chức chủ tịch Hội Phụ Nữ là anh ấy chưa làm thôi"!*

Nếu gom lại tất cả những bài văn Ông viết và thơ Ông sáng tác có thể in ra 5-6 cuốn.

- Bs **Lê Thành Ý**

Sinh hoạt và đóng góp công sức rất nhiều từ ngày di tản 1975 đến nay như thành viên chính thức trong Ủy Ban Báo Chí và Sinh Hoạt đầu tiên (1976), trình bày Báo Hội, vẽ tranh bìa hay minh họa các bài viết, vẽ hý hoạ rất giỏi, vẽ cảnh hay biểu ngữ, thiết trí và trang hoàng phòng khánh tiết … là họa sĩ, trình bày TSYS. Từ hơn 20 năm làm Kiểm soát tài chánh (cùng với Bs Hồ Thị Hường) của Hội nổi tiếng trước Đại Hội Đồng với câu *"Quỹ Hội không có gì bất thường"*. Thành viên *"Nhóm đề xướng"* Y Sĩ với Nàng Thơ

Phạm Hữu Trác

Nguyễn Thanh Bình

Thân Trọng An

Trần Mộng Lâm

(4 Hý họa của Liza Lê Thành Ý)

- Bs **Trần Văn Dũng**

Phó Hội Trưởng Nội Vụ thâm niên nhất, cùng với Bs Lê Thành Ý đóng góp hăng say từ ngày thành lập Ban Đại Diện rồi HYS. Là Trưởng Ban Văn Nghệ tổ chức sanh hoạt của Hội, rất có duyên nợ với micro và Cộng Đồng, hai lần làm Trưởng Ban Bầu Cử của Cộng Đồng Người Việt Quốc Gia tại Montreal. Ông cũng là một ca sĩ hữu hạng, rất nổi tiếng với bài Mộng Dưới Hoa. Ông chuyên lo phần tin tức thông báo hội viên và phần cáo phó, lúc này than là viết có phần mỏi tay. Cũng là một cây bút có hạng khi nổi hứng.

- Bs **Lưu Thanh Phi**

Là bác sĩ mục sư rất kín đáo, kín đáo ngay cả với việc còn cất giữ nhiều mảnh đạn cộng sản trong người, rất giỏi âm nhạc và gảy đàn, lại hiền lành tốt bụng và rất dễ mến, nhận lãnh Khối Sinh Hoạt từ 10 năm và chu đáo việc nghi lễ, nhất là Quan Hôn Tang Tế nên thấy rõ hơn lẽ vô thường mà đi tu, đi làm mục sư để rao giảng Tin Mừng. Vì Hội có nhiều tiếp tân nên Khối Sinh Hoạt phải thu xếp việc lựa Nhà Hàng, chọn thực đơn nên ông phải lê gót đi tiền thám và "*nếm thử trước*" với tiền túi.

- Bs **Thân Trọng An**, cựu hội trưởng thứ tư của HYSVNC, cựu chủ tịch Ban Chấp Hành HQTYNDSVNTD, chủ bút TSYS từ 18 năm, chuyên làm thơ, dịch thơ khi bị yêu cầu nên được bằng hữu gọi là "*Mắc Dịch*" (chỉ thiếu chữ "đồ" trước biệt danh). Về dịch thơ Việt ra thơ Pháp, đã có lần tôi đã phải cầu cứu Ông dịch cho bài tứ tuyệt của Tô Đông Pha[2] và tôi chỉ cám ơn Ông bằng một chữ "*chapeau*". Ông cũng dịch thơ Pháp hay Anh sang thơ Việt, thích "*lẩy thơ*" hay nhái câu hát. Cũng có viết văn kể lại chuyện quân ngũ hay chuyện quậy

2 *Lô Sơn Yên toả Triết Giang triều,*
Vị đáo bình sanh hận bất tiêu,
Đáo đắc hoàn lai vô biệt sự,
Lô sơn yên tỏa Triết giang triều.

phá thời *"ngày xưa còn bé"*. Đặc biệt hơn nữa là khi TSYS không ai chịu viết về một đề tài hóc búa cho hợp với chủ đề của số báo thì Ông phải tìm *"ngoại viện"* nơi Gs Thái Công Tụng, Gs Lâm Văn Bé hay Kỹ sư Lê Bình Phương, Bs Trần Văn Tích, Bs Lê Văn Lân... rồi nếu không ai chịu nhận thì Ông đành phải vò đầu bứt râu ra tay múa ngọn bút cùn. Mỗi khi ra báo, phải chọn chủ đề có thời tính, phải xin bài rồi đọc và gò chỗ chính tả bị gõ máy sai hay là điển tích, câu thơ trích dẫn không đủ chính xác, kiểm lại cách trình bày vì chuyển bằng máy điện toán nhiều chữ hay đoạn văn chạy loạn xà ngầu lung tung.

Hai ngòi bút ngoại hạng rất ít khi viết cho báo nhà, chỉ khi chẳng đặng đừng mới ra tay:

- Bs **Trần Mộng Lâm** làm thơ hay, viết ngắn gọn nhưng xuyên thấu, thường viết ngắn câu đoạn kết, để lơ lửng đó mà thâm chết điếng người.
- Bs **Trần Thị Thư** với bút danh Ngô Sắc (NGỐ) viết rất dí dỏm và sâu sắc, nhưng rành rọt, mạch lạc, dùng chữ hết sức đắc cách, lập luận rất nhã nhặn nhưng hàm ý chắc nịch, viết khi cần hồi đáp hay phản bác những bài cô thấy kỳ quặc hay là bá láp, nạn nhân ức hộc máu mà không bắt bẻ vào đâu được

sau đây là vài tấm hình Hội Trưởng Trâm Anh trao tặng bảng ghi ơn các vị hữu công:

với Bs Hồ Thị Hường

với Bs Lê Thành Ý

với Bs Đặng Đình Quảng

Phó Bảo với Thủ quỹ Nguyễn Ngọc Tân

hai ông Phó Đỗ Quốc Bảo,Trần Văn Dũng

Chương 4
LÃNH ĐẠO VÀ KHẢO CỨU

Sau 50 năm định cư, người Việt tỵ nạn cộng sản rất hãnh diện nhìn thấy bác sĩ Việt trở thành bác sĩ lãnh đạo tại bệnh viện và bác sĩ khảo cứu ở tầm vóc quốc tế.

1. Bác sĩ lãnh đạo

Y sĩ gốc Việt trong hệ thống Y Tế của Quebec

a) Trong chính quyền

- Cao cấp nhất là Bs Caroline Quách Thanh giữ chức Giám Đốc Ngành Y Tế Công Cộng của tỉnh bang Quebec

- BS Dương Hồng Huy Trưởng Khối chuyên môn một vùng Y Tế của thành phố Montreal

- Bs Dương Nghiệp Hoàng trong hệ thống Y Khoa Bộ Y tế và Xã Hội tỉnh bang Quebec

b) Trong các Bệnh Viện

- rất nhiều Bác sĩ làm Trưởng Khu một chuyên khoa

- vd Bs Thân Trọng An Trưởng Khu Giải Phẫu tại BV thành phố Chandler, Bs Hồ Quang Nhân tại BV Santa Cabrini, BV Bellechasse, Bs Phạm Thị Tâm Trưởng Khu Quang Tuyến tại BV Santa Cabrini, Bs Đặng Phú Ân y sĩ trưởng kiêm chủ tịch Hội đồng cố vấn chuyên môn tại trung tâm y khoa CHSLD-CLSC Saint Laurent trực thuộc C.I.U.S.S.S. Nord de l'ile trong hệ thống ĐHYK Montreal… và rất nhiều y sĩ gốc Việt làm trưởng bộ môn của chuyên khoa mình.

c) Trong Y Sĩ Đoàn:

- Bs Lưu Thanh Phi Yến làm trong Ban Thẩm Tra (Syndique adjointe)

- Trong hệ thống Đại Học Y Khoa:

- vô số Bác sĩ từ già tới trẻ làm giáo sư đại học từ chargé de cours cho tới Professeur Agrégé rồi Professeur titulaire trong rất nhiều chuyên khoa, hay là *"Patron"* hướng dẫn các Thường trú, đặc biệt là môn Giải Phẫu Tiểu Nhi có một giải thưởng hằng năm *"Dr Nguyễn"* (Lương Tuyền) cho Thường trú nào xuất sắc nhất

- Rất nhiều Y sĩ già hay trẻ xuất sắc được Y Giới Quebec vinh danh và tặng huy chương hay tưởng thưởng ví dụ Gs Nguyễn Lương Tuyền (Life Time Achievment Award của Mc Gill), Gs Nguyễn Hữu Trâm Anh, Gs Tăng An, Gs Emilie Nguyễn Cẩm Tú, Gs Sabrina Hoa Anh Tú, Gs Trần Thái Hoà, Bs Đào Bá Ngọc nhận giải thưởng Humanitaire của Y Sĩ Đoàn Quebec…

2. Y sĩ Mạnh Thường Quân:

- Bs Dương Hữu Hoàng trao tặng Viện Đại Học *"alma mater"* Sherbrooke 50,000 $ can (phu nhân là Nha Sĩ Nguyễn Ngọc Nga cũng trao tặng Đại Học *"alma mater"* Laval 50,000 $ can)

- Bs Caroline Quach Thanh cũng đã tặng Quỹ (Fondation) Viện Đại Học Montreal 50,000 $ can

3. Bác sĩ khảo cứu

Caroline Quach-Thanh

Ngày 29-9-2025 với chức vụ **Directrice nationale de santé publique** (Québec) và đồng thời là sous-ministre adjointe au ministère de la Santé et des Services sociaux, Bác Sĩ Caroline Quach-Thanh là người Việt tỵ nạn đầu tiên đảm trách một chức vụ cao cấp nhất trong chính quyền (sau khi có một thứ trưởng góc Việt 30 năm trước đó). Professeure titulaire, Département de microbiologie, infectiologie et immunologie, Université de Montréal

Titulaire de la Chaire de Recherche du Canada, niveau 1 en prévention des infections, de l'hôpital à la collectivité.

Giải thưởng quốc tế

- *2014 : Prix pour l'excellence en recherche de la Fondation de l'Hôpital de Montréal pour enfants*
- *2015 : Prix SHEA William Jarvis de la Society for*

Healthcare Epidemiology of America

- *2016 : Prix John M. Embil du Mentorat en maladies infectieuses de la Fondation canadienne des maladies infectieuses*
- *2019 : Membre de l'Académie canadienne des sciences de la santé*
- *2021 : Prix rayonnement du Collège des médecins du Québec*
- *2021 : Prix de l'Ordre du mérite de l'Université de Montréal*
- *2022 : Doctorat honoris causa, Université Bishop's*
- *2022 : Officière de l'Ordre national du Québec*
- *2022 : Prix Femmes de mérite, catégorie Services publics, Fondation Y des femmes de Montréal*
- *2022 : Prix Distinguished Scientist, Canadian Society for Clinical Investigation*
- 2023 : *Présidente d'honneur du 90e Congrès de l'Acfas*

Nghiên cứu

Bác sĩ là tác giả của khoảng 200 bài nghiên cứu khoa học được kiểm kê trong PubMed. Các công trình nghiên cứu của BS Caroline Quách Thanh tập trung vào :

- Bệnh truyền nhiễm như "maladies nosocomiales et celles qui sont évitables par la vaccination".
- Phương pháp phòng bệnh và chữa trị.

Tăng An

Bác Sĩ TĂNG AN thuộc thế hệ thứ hai của Hội y sĩ Việt Nam tại Canada, vừa chính thức đảm nhận chức vụ cao nhất trong Hệ Thống Trung Tâm Nghiên Cứu của ĐHYK Montréal CRCHUM, « *Leader* « ngành y khoa hiện đại *« Thông Minh nhân tạo AI"*, cũng là một professeur titulaire Việt Nam trẻ tuổi nhất, Trưởng Khoa về ngành Radiologie, Radio-Oncologie và médecine nucléaire của CHUM, leader of the CRCHUM Imaging and Engineering Research Theme.

Honors & Awards

- 2024 CRCHUM Award of Excellence for scientific contribution of the year.
- 2025: one of six merit schorlarships throughout the province Highly coveted honour.
- Young Investigationr Award (Canadian Association of Radiologists)
- Magna Cum Laude Award (from Radiological Society of North America - RSNA)
- Bernadette Norgrady Award (Société Canadienne-Francaise de Radiologie)
- Canadian Institutes of Health Research (CIHR) Fellowship Award

Cẩm-Tú Émilie Nguyễn

Bác sĩ Cam-Tu Émilie Nguyen, M.D. đã được vinh danh và nhận lãnh giải Lauréate 2023, Catégorie de Relève (Giải cao quý nhất về thế hệ tiếp nối trong y giới).

Cộng Đồng Người Việt Quốc Gia vùng Montréal rất hãnh diện có một tài năng trẻ gốc Việt thuộc thế hệ thứ hai trong ngành y khoa, nữ bác sĩ Nguyễn Émilie Cẩm Tú, đã được vinh danh bởi Collège des Médecins du Québec (Lauréat Catégorie de Relève) vì đã có công trong việc nghiên cứu và phổ biến rộng rãi trong quần chúng thành quả của việc chữa trị hiệu quả về căn bệnh nan y thần kinh – bắp thịt (Maladies Neuro-Musculaires).

Chỉ trong vòng 2 năm sau khi tốt nghiệp chuyên khoa, nhờ có các công trình nghiên cứu và trị liệu hữu hiệu và xuất sắc cho các trẻ em bị nan y về thần kinh – bắp thịt (Maladies Neuro-Musculaires), Amyotrophie Spinale (bệnh teo cơ do tủy sống), Cam-Tu Émilie Nguyen đã được bổ nhiệm làm :

- Giám Đốc Khu Bệnh Lý Thần Kinh-Bắp Thịt Trẻ Em Centre de réadaptation MariexEnfant

- Nhà nghiên cứu tại trung tâm nghiên cứu Azrieli du CHU Sainte-Justine

- Giáo sư tại Département de neurosciences de l'Université de Montréal,

Trần Thái Hòa

Bs Trần Thái Hoà là một tài năng hiếm thấy, tuổi trẻ tài cao, hiền lành và vị tha. Ngoài khả năng chuyên môn vượt bực, ông còn là một «*ca sĩ*» được yêu mến, rất yêu thích và giỏi âm nhạc.

Giữ trách nhiệm Trưởng Khối Giới Trẻ, ông sẽ lôi cuốn nhiều sinh khí mới cho Hội nhà để nuôi lửa và phục vụ tha nhân.

Phải kể thêm tài ăn nói trước công chúng, mạch lạc và rõ ràng nên khi được mời làm hướng dẫn cho một chương trình nào, thì thành công vô cùng.

Giải thưởng và ban khen

- Garron Family Cancer Center Research Support, 2014/07
- American Society of Hematology Abstract Achievement Award, 2013/11
- Thoi Bao's Scholarship for Academic Excellence and Community Involvement - Vietnamese Association of Montreal, 2005/9
- McGill's McConnell Entrance Scholarship, McGill University, 2003/9
- Canada Millenium Excellence Scholarship (provincial level), Canada Millennium Scholarship Foundation, 2003/8 - 2007/6

Chức vụ

- Hématologue-oncologue pédiatrique, Programme de leucémies, CHU Sainte-Justine (2018)
- Professeur adjoint de clinique, Département de pédiatrie, Université de Montréal (2018)
- Clinicien-chercheur, Axe de recherche - Maladies immunitaires et cancers, Centre de recherche du CHU Sainte-Justine

Địa hạt nghiên cứu

- o Leucémie lymphoblastique aiguë Phi-like
- o Leucémies pédiatriques
- o Thérapie ciblée
- o Séquençage de nouvelle génération
- o Médecine translationnelle

Bài khảo cứu

Molecular Profiling of Hard-to-Treat Childhood and Adolescent Cancers. JAMA Netw Open. 2019 Apr 5;2(4): e192906.

Prognostic impact of kinase-activating fusions and IKZF1 gene deletions in pediatric high-risk B-lineage acute lymphoblastic leukemia, Blood Adv. 2018 Mar 13;2(5):529-533.

Fusion in Pediatric T-Cell Acute Lymphoblastic Leukemia, Haematologica. 2018 Feb;103(2): e87-e91.

Targetable Kinase Gene Fusions in Children with High-Risk B-ALL: A Study from the Children's Oncology Group, Blood. 2017 Jun 22; 129(25):3352-3361.

Precision medicine in pediatric oncology: translating genomic discoveries into optimized therapies, Clin Cancer Res. 2017 Sep 15;23(18):5329-5338.

Hematology Am Soc Hematol Educ Program. 2016 Dec 2;2016(1):561-566.

Lack of treatment-related mortality definitions in clinical trials of children, adolescents and young adults with lymphomas, solid tumors and brain tumors: a systematic review. BMC Cancer. 2014 Aug 26; 14:612.

Second bacteremia during antibiotic treatment in children with acute myeloid leukemia: A report from the Canadian Infections in AML Research group, J Pediatric Infect Dis Soc. 2014 Sep; 3(3): 228-33.

Infections in children with Down syndrome and acute myeloid leukemia: A report from the Canadian Infections in AML Research group. Infect Agent Cancer. 2013 Dec 2;8(1):47.

Coagulation assessment in children with diabetic ketoacidosis. Pediatr Crit Care Med. 2013 Mar;14(3):256-60.

Nguyễn Lương Tuyền

1945-2023

BS Nguyễn Lương Tuyền là một giáo sư của hệ thống Mc Gill nổi tiếng trong ngành phẫu thuật tiểu nhi tại nhà thương Montreal Children's. Từ 10 năm nay, sau khi Ông về hưu với tưởng thưởng Life Time Achievement, mỗi năm Children's đều phát một phần thưởng mang tên Ông (Luong T. Nguyen Award) cho bác sĩ thường trú xuất sắc nhất trong khoa phẫu thuật này. Bác sĩ đã để lại một gia tài đầy tình thương cho nhà thương Montreal mà ông đã trọn đời phục vụ.

Ông cũng là bác sĩ điều trị bị lây bệnh từ bệnh nhân, bị « *vasculite* » phá hệ thống miễn nhiễm, mươi năm sau bị suy thận đến độ là người y sĩ Việt Nam tỵ nạn duy nhất phải ghép thận và sống thêm hơn 18 năm.

Ông có nhiều bài viết đăng trên TSYS, có 1 bài thơ trong *Y sĩ với Nàng Thơ* cùng 99 đồng nghiệp, nhiều bài viết trên các báo khác và trên mạng với nhiều bút hiệu khác nhau và đậm màu chống cộng. Ông cũng từng làm chủ nhiệm tờ báo Quốc Gia của CĐNVQG vùng Montreal khi ông làm Chủ Tịch BCH trong nhiều năm.

Chương 5
BÁC SĨ CỦA NGÀY Y TẾ

Bs Đặng Phú Ân, chủ tịch ban tổ chức các «Ngày Y Tế»

Từ năm 2001 đến nay, **Ngày Y Tế** được tổ chức liên tục hàng năm vào mùa lá vàng rơi do sáng kiến của Khối huấn luyện hậu đại học Hội y sĩ Việt Nam tại Canada. Có thể nói trong gần 30 năm nay, Bs Đặng Phú Ân được coi như linh hồn của Ngày Y Tế (Lập chương trình, nghiên cứu chủ đề từng năm, soạn thuyết trình chuyên môn và mới các diễn giả ...). Chủ trương chính của các Ngày Y Tế Canada là làm thế nào bảo vệ và thăng tiến sức khỏe của toàn thể đồng hương.

Bác sĩ tham dự thuyết trình từ những năm qua: Bs Lâm Văn Thạch, Đặng Phú Ân, Nguyễn Công lượng, Tạ Duy Minh, Lê Phạm Đình Tân, Nguyễn Hữu Trâm Anh, Nguyễn Thanh Bình, Dương Đình Huy, Đỗ Quốc Bảo, Cấn Thị Bích Ngọc, Phạm Đức Cường, Kiều Khánh Giao, Bùi Ngọc Yến Giang, Phạm Đăng Hương, Nguyễn Tuấn Khoan, Từ Mỹ Linh, Đào Bá Anh Luân, Thái Hoàng Lân, Thành Quang lân, Lê văn Long, Nguyễn Diễm Quyên, Lê Thị Quí, Nguyễn Văn Thạnh, Lê Đức Tâm, Đào Thị Hồng Trang, Nguyễn Lương Tuyền, Sabrina Hoa Anh Tú, Trương Ngọc Uyên, Nguyễn Nhã Uyên, Kiều Công Vân, Nguyễn Ong Khánh Vân, Nguyễn Ngọc Vân, Nguyễn Văn Vũ ...

Dược sĩ tham dự : Phạm Vũ Biền, Bùi Thị Mùi

Nha sĩ tham dự : Trần Giáng Ngọc, Đặng Phú Đức, Nguyễn Ngọc Nga, Nguyễn Lê Hoàng Hùng, Trần Giáng Kim, Lê Thị Diệu Trang, Võ Tường Linh, Alex Lê Quang

Chuyên viên dinh dưỡng : Nguyễn Thanh Vân; chuyên viên vật lý trị liệu : Nguyễn Ngọc Quang; chuyên viên thể dục : Nguyễn Quốc Nam

Bs Trần Văn Cương tường thuật về Ngày Y Tế 2025

Chủ nhật 28 tháng 9 năm 2025, Hội y sĩ Việt Nam tại

Canada[3] tổ chức Ngày Y Tế từ 10 giờ 30 đến 16 giờ tại Centre des loisirs de Saint Laurent.

Bs Nguyễn Hữu Trâm Anh, Bs Lê Phạm Đình Tân, Bs Đặng Phú Ân, Bs Tạ Duy Minh,
Physiothérapeute Nguyễn Ngọc Quang

Dược sĩ Nguyễn Thái Khanh, Bs Đặng Phú Ân,
Bà Nguyễn Thanh Hoa, Bs Trương Thị Kim Nhi

Chủ đề: Sức khỏe và tuổi thọ

3 Phối hợp với Hội Nha Sĩ và Hội Dược Sĩ

Điều khiển chương trình: Bs Đặng Phú Ân và Bs Nguyễn Hữu Trâm Anh (Giáo sư ĐH Y Khoa Montreal).

Quan khách tham dự

Ông Alan De Sousa, thị trưởng thành phố Saint-Laurent.

Đại diện các cơ quan chính quyền địa phương và quý vị dân biểu của thành phố.

Ông Trần Văn Nhã, chủ tịch/BCH/ Cộng Đồng Người Việt Quốc Gia vùng Montréal.

Hội trưởng, đại diện các Hội Đoàn của Cộng Đồng Người Việt Quốc Gia tại Canada và các cơ quan truyền thông báo chí.

Khoảng 400 đồng hương tham dự.

Phần nghi lễ

Nghi thức chào cờ, hát quốc ca Canada và Việt Nam Cộng Hòa, một phút mặc niệm,

BS Nguyễn Hữu Trâm Anh giới thiệu BS Đặng Phú Ân, trưởng Khối Huấn Luyện Hậu Đại Học của Hội y sĩ Việt Nam tại Canada và cũng là trưởng ban tổ chức Ngày Y Tế Canada 2025 lên ngỏ lời chào mừng quan khách và đọc diễn văn khai mạc Ngày Y Tế Canada.

Diễn từ của ông Alan De Sousa, thị trưởng thành phố Saint-Laurent, nhiệt liệt khen ngợi và thán phục việc tổ chức Ngày Y Tế hằng năm của Cộng Đồng Người Việt nam.

Phát biểu của ông Trần Văn Nhã, Chủ Tịch BCH/

Diễn giả đã trình bầy tất cả những trường hợp đau đầu từ nhẹ tới nặng với phương cách định bệnh và cách chữa trị cũng như phòng ngừa.

Đúng 13 giờ 00 Đồng bào đã nghỉ để thăm viếng các Quầy Y Tế và tham dự bữa tiệc giải lao đạm bạc do Ban Tổ Chứ khoản đãi.

Đề tài số 3: Đau các khớp xương và đau lưng do thoái hóa (arthrose).

Diễn giả: BS Nguyễn Hữu Trâm Anh, Giám Đốc Khoa Chống Đau, BV Maisonneuve Rosemont trực thuộc ĐHYK Montréal.

Diễn giả đã trình bầy những phương cách trị liệu bằng các phương pháp gây tê và hiệu quả của từng phương pháp.

Đề tài số 4: Đau cột sống lưng hay đau thận?

Diễn giả:BS Đặng Phú Ân, trưởng Khối Huấn Luyện Hậu Đại Học, Hội Y Sĩ VN tại Canada.

Diễn giả đã trình bày cặn kẽ để có thể phân biệt giữa đau lưng do cột xương sống và đau lưng do thận (cơn đau bão thận). Cập nhật hóa tất cả các phương pháp định bệnh và trị liệu hiệu quả, đồng thời cũng chỉ dẫn với những lời khuyên thực tiễn để phòng tránh các biến chứng nặng của từng trường hợp.

Đề tài số 5: Vật lý trị liệu và các phương pháp tập thể dục để chữa trị và phòng ngừa các bệnh trạng đau các khớp xương.

Diễn giả: Chuyên viên vật lý trị liệu Nguyễn Ngọc

Quang.

Diễn giả đã trình bầy với hình ảnh và biểu diễn rất rõ ràng các phương pháp tập luyện để ngừa tránh và làm giảm đau trong các căn bệnh về các khớp xương.

Phần Hỏi và Đáp Y Học

Ban Tổ chức đã phát giấy cho đồng hương để ghi các câu hỏi cần thiết rồi chủ tọa đoàn trả lời các câu hỏi của đồng hương.

Ban Tổ Chức đã thay mặt toàn thể cử tọa của Cộng Đồng để trao tặng những bó hoa tươi đẹp cho quý vị thiện nguyện viên và quý diễn giả của NGÀY Y TẾ CANADA 2025 như một lời tri ân.

Sau cùng, trong phần kết từ, Bác sĩ Đặng Phú Ân, trưởng ban tổ chức NGÀY Y TẾ 2025, đã thay mặt ban tổ chức bầy tỏ lòng cảm phục tinh thần tri thức của toàn thể đồng hương đã tham dự đông đảo và hết sức nghiêm túc để lắng nghe các bài thuyết trình và tham dự nhiệt tình các phần thảo luận. BS Đặng Phú Ân đã cảm tạ một lần nữa tất cả các thiện nguyện viên, ban ẩm thực của CĐNVQG vùng Montréal và các diễn giả đã bỏ công sức và thời giờ để hoàn thành mỹ mãn NGÀY Y TẾ CANADA năm nay 2025.

Cảm nghĩ về Ngày Y Tế

Trong tờ báo Quốc Gia, số 161, 04-25, tr.78-84, Bs Đặng Phú Ân có ghi lại cảm nghĩ của ông thị trưởng thành phố Alan De Sousa: "*Thành phố rất hân hạnh được tham dự hàng năm Ngày Y Tế của Cộng đồng người Việt Nam vùng Montreal, một công tác thiết thực và hữu ích cho việc bảo vệ sức khỏe không những cho công dân Ca na da gốc Việt mà còn giúp cho người bản xứ và các sắc tộc khác trên mảnh đất Ca na da này, đem lại việc giúp đỡ cho chính quyền sở tại bớt gánh nặng y tế của chính phủ rất nhiều".*

Cảm nghĩ của ông cựu nghị sĩ kiêm phó thủ tướng Jean Marc Fournier : *"Trong các đại hội người Canada gốc Ấn Độ, Libanais, chúng tôi đã đem mô hình Ngày Y Tế của quí vị trình bầy, nhưng tới nay, các sắc tộc đó vẫn chưa thực hiện được, Chúng tôi xin khâm phục quí vị trong công tác này".*

Bs Đặng Phú Ân, BTC, chủ tịch CĐNVQGM, thị trưởng Alan De Sousa và quí vị dân cử

Chương 6
BÁC SĨ TRÊN BIỂN ĐÔNG

Bs Trang Châu cùng với thủy thủ tầu Mary Kingstown của hội Y Sĩ Thế Giới (Médecins Du Monde) đi tìm kiếm vớt người tỵ nạn cộng sản trên biển Đông. Trong chuyến đi của Ông, tàu Mary gặp 5 ghe vượt biên và vớt được 327 thuyền nhân, trong đó có 1 đồng nghiệp (BS Phùng Văn Hạnh) sau này đã làm CT/CĐNVQG vùng Montréal 2 nhiệm kỳ.

Sau công tác dấn thân đầy nguy hiểm này, ông viết cuốn bút ký Về Biển Đông kể lại hành trình của một bác sĩ vietomontrealais đi vớt người tỵ nạn cộng sản vượt Biển Đông.

Bác sĩ Xavier và Trang Châu đang giải đáp thắc mắc của thuyền nhân

Thuyền nhân chụp hình kỷ niệm với lá cờ quốc gia

Từ năm 1970, Bs Trang Châu tên thật Lê Văn Châu *đã nổi tiếng sau khi cuốn* ***Y Sĩ Tiền Tuyến*** *(bút ký) đoạt giải Văn Học Nghệ Thuật năm 1969. Ông, sĩ quan quân y trong binh chủng Nhảy Dù, là biểu tượng tình thương và oai hùng của quân lực VNCH.*

Bác sĩ văn sĩ

Y Sĩ Tiền Tuyến là một tập ký, ghi nhận những điều trên chiến trường cùng với cảm nghĩ của một y sĩ theo chân một đơn vị Nhảy Dù hành quân. *''Tôi đã viết ra những điều mà nhiều người đã trải qua, nhưng không nói ra được, không tả ra được: Chiến tranh dưới cặp mắt một y sĩ. Tôi luôn luôn giữ ngòi bút trung trực. Viết về đơn vị mình, người viết thường dễ có khuynh hướng bốc thơm đơn vị mình. Tôi đã không làm điều đó và không áp lực nào có thể bắt tôi làm điều đó…"*

Văn bút ký của Trang Châu có nét buồn riêng. Và đặc biệt ngay cả khi viết về cảnh thu dọn chiến trường, chữa trị thương binh… vẫn không mang nét bạo lực nào. Văn dịu dàng, buồn như khi đất nước chứng kiến hình ảnh những đứa con trai bắn vào nhau, tìm giết nhau…

Thử đọc trích đoạn từ Y Sĩ Tiền Tuyến các trang 51-53, ấn bản tái bản lần thứ 8 năm 2013: "… *Cánh quân được lệnh di chuyển. Phải di tản thương binh theo. Chỉ có hai người đi được, ba phải dìu, hai phải khiêng cáng, một xác chết phải gánh theo. Một số binh sĩ được huy động giúp di tản. Tôi phụ khiêng cáng ông Thiếu Úy Toàn nằm. Trông ông co quắp, rên rỉ thật tội nghiệp… "Quần áo ướt đẫm làm tôi lạnh run. Súng vẫn nổ nhưng thưa và xa dần. Trời đã tối hẳn, mưa vẫn không ngừng. Chúng tôi khó nhọc theo đuôi toán quân. Bờ đê ruộng bùn trơn hết người này trợt chân đến người khác. Hết bờ đê đến một căn nhà sàn. Trạm cứu thương được chỉ định đóng đêm tại đó*".

Muốn tìm lại thời gian đã mất của vượt biển đi tỵ nạn cộng sản thì đọc bút ký Về Biển Đông là thấy lại hình ảnh của mình khốn khổ giữa biển khơi vì nạn cộng sản.

Bác sĩ thi sĩ

Bs Trang Châu còn là một nhà thơ nổi tiếng trên văn đàn hải ngoại. Ông đã cho xuất bản Thơ Trang Châu, NXB Thi Cầm, 2007, Thơ tuyển 2007.

Điều độc đáo trong thơ của Ông là ngay cả đối với kẻ thù, trái tim '*lương y như từ mẫu*" của Ông thoát ra những câu thơ sau:

Giọt nước mắt kẻ thù

Nó bị thương
Bị bắt sống.
……………
Tôi đọc nét hờn căm
Trên những khuôn mặt đồng đội.
Mọi người đòi giết nó
Tên du kích vùng khốn nạn
Gài lựu đạn lùm cây, bờ ruộng

Giết những người bắt cá, mò tôm.
Nó nằm chờ, nằm chờ
Tử thần.
Nhưng
Chỉ có bàn tay vuốt dịu căm hờn
Bàn tay băng bó vết thương
Bàn tay vỗ về an ủi.
Nó nằm chờ tử thần
Sững sờ bắt gặp tình thương
Đồng loại.
Đôi mắt sát nhân vụt bỗng hiền từ
Nhen hai dòng lệ nhỏ.
Trong cuộc chiến hôm nay
Cho tôi xin chiến đấu không hận thù
Xin những vết thương bình đẳng
Cho tôi đổi một trăm chiến thắng
Lấy một giọt nước mắt kẻ thù.

Ông cũng là cựu chủ bút 24 số TSYS trong 5 năm và thường xuyên đăng thơ trên báo nhà. Hiện nay ông làm Chủ Bút cho tờ Quốc Gia của CĐNVQC vùng Montreal.

Vài tác phẩm đã xuất bản:

Chương 7
BÁC SĨ VĂN THI SĨ

Trước một tủ sách đầy tác phẩm văn thơ, biên khảo … của hội viên Hội Y Sĩ, chúng tôi chỉ có thể giới thiệu các khuôn mặt nổi bật như Trang Châu, Tôn Kàn, Hoàng Ngọc Khôi, Nguyễn Thanh Bình, Phạm Hữu Trác … và hình mấy bìa sách.

1. Thơ

Hoàng Xuân Thảo (Bs Hoàng Ngọc Khôi): Mỹ Nhân

Tự Cổ Như Danh Tướng (Trần Xuân Dũng tóm lược bằng thơ, Nguyễn Thanh Bình viết lời bàn)

Tôn Kàn (Bs Nguyễn Trùng Khánh): Thơ Tôn Kàn,

Nhóm Biên Soạn

trong ĐHQTYNDSVNTD Toronto 2011, Bs Trần Xuân Dũng khơi mào việc thực hiện tập Y Sĩ với Nàng Thơ của 100 tác giả y sĩ.

Nhóm Biên Soạn
Từ trái qua ngồi Lâm, Trác, đứng An, Dũng, Khánh, Bình (thiếu Lê Thành Ý)

Trang Châu (BS Lê Văn Châu) tuy là hậu duệ của một vị tướng lãnh Quân Lực Việt Nam Cộng Hoà, và bản thân là Y sĩ Thiếu Tá Nhảy Dù đã *đoạt giải Văn Học Nghệ Thuật VNCH năm 1969*, từng là Chủ Tịch Văn Bút Quebec, Văn Bút Canada và Văn Bút Thế Giới nhiều nhiệm kỳ... Ông đã xuất bản:

Thơ Trang Châu, NXB Thi Cầm, 2007

Thơ tuyển 2007 và rất nhiều tựa sách khác

Y sĩ thành viên của Thi Văn Đàn "*Văn Lâm Xã (Montreal)*"**:** Trần Kim Vân (TTA), Đặng Đông Mỹ, Nguyễn Xuân Trình, Lê Thành Ý

Nhóm Tân Liễu Trai (Âu&Mỹ&Úc) do Bs Nguyễn Văn Bảo (Hoa Kỳ) đề ra từ 20 năm nay, mỗi tuần trình làng một bài Đường thi với hán tự và chữ Hán Việt, được Bát Sách (NTB), Trần Xuân Dũng và các bạn tra cứu nguyên tác, diễn dịch ra nhiều phiên bản hán, nôm rồi, phê bình từng chữ, từng địa danh theo nguyên bản và sau đó mỗi người dịch một kiểu khác nhau qua nhiều thể thơ việt ngữ.

2. Văn

Phạm Hữu Trác (Who & Who): chủ trương chuyên san Truyền Thông Communications, phát hành từ 2001 được 42 số đến mùa đông 2011 thì đình bản vì lý do sức khỏe.

Ông cũng viết rất nhiều bài cho TSYS, cho các báo của Y sĩ Hoa Kỳ, Pháp hay Úc, với nhiều bài nghị luận và quan điểm rất thâm thúy, và là người có công nhiều nhất trong việc kết hợp các Hội Y Sĩ trên thế giới tự do, mở đường cho các hội đoàn khác theo gương.

Khánh Giao Phùng Văn Hạnh: Tình Yêu Hiện Sinh

Thân Trọng An (Who & Who): Một Chút Đam Mê (phát hành hạn chế không bán)

Đặng Ngọc Thuận: Mạt Chược, đánh lấy được và lấy vui

Nguyễn Vĩnh Đức: Tình Khúc Đôi Ta

Hoàng Chính: 6 tựa sách: Nửa Đêm Nghe Mẹ Thở Dài, Lời Tỏ Tình Đã Cũ …

Nguyễn Thanh Xuân: Những bức tranh thủy mặc, Truyện rất ngắn…, sau định cư tại Hoa Kỳ

Lê Văn Lân: ra mắt tại Montreal Bút Khảo về Ăn (TSYS

chung với Nguyệt San Làng Văn)

Từ Uyên: Những gì còn nhớ, Kỷ Niệm và Suy Ngẫm (chuyển ngữ Souvenirs et Pensées của Bs Nguyễn Thị Đảnh phát hành ở Bắc Âu).

Nguyễn Hữu Hiệp: Những kỷ niệm khó quên

Y sĩ được được mời viết Bài Tựa hay Lời Giới Thiệu sách

Thân Trọng An: Đọc Thơ Phạm Thế Trường cho *Tuyển Tập Thơ Phạm Thế Trường*, Đọc Thơ Trần Xuân Dũng cho thi tập *Nhị Thập Bát Tú*, *Biển Nhớ* của Tuệ Quang Tôn Thất Tuệ, *Y Sĩ Tiền Tuyến Nghiêm Sỹ Tuấn*, *Người đi tìm Mùa Xuân* của Ngô Thế Vinh, *Văn Học Quân Đội* của Trần Xuân Dũng, Across Shining Seas của một nhóm y khoa Saigon 72

Phạm Hữu Trác viết Đọc Thơ Y Sĩ cho tập *Y Sĩ với Nàng Thơ* do 100 y sĩ cùng là tác giả, *Vàng, Máu và Nước Mắt*, sau đó *Sơ Lược Giáo Dục Y Khoa tại Việt Nam và Lịch Sử Y Học* đều của nhiều y sĩ tác giả,

Trang Châu, *Tình khúc đời ta* của Nguyễn Vĩnh Đức,

Nguyễn Thanh Bình viết tựa cho *Một Chút Đam Mê* của Trần Kim Vân (TTA).

3.Vài tấm ảnh bià sách của Y Sĩ

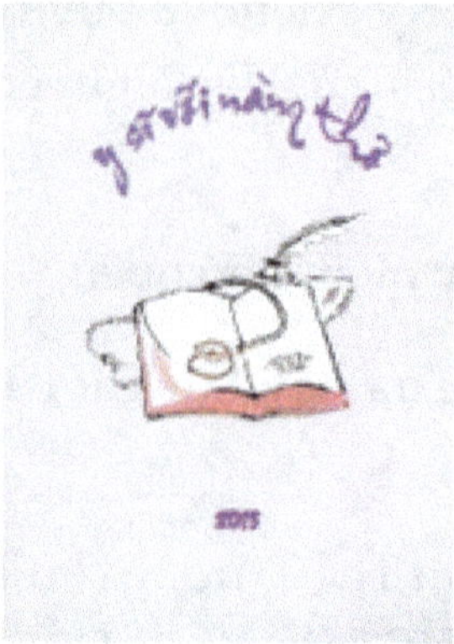

nẻo mới
vào văn học

Giáo Dục Y Khoa
tại Việt Nam
&
Lịch Sử Y Học

NGUYEN DINH CAT
LE MANGER ET LE BOIRE
VIETNAMIENS
A TRAVERS
LA LITTERATURE POPULAIRE

DANH SÁCH
Y SĨ VIỆT NAM
TRÊN THẾ GIỚI
TỰ DO

Kỷ niệm
và
Suy ngẫm

Những Gì
Còn Nhớ

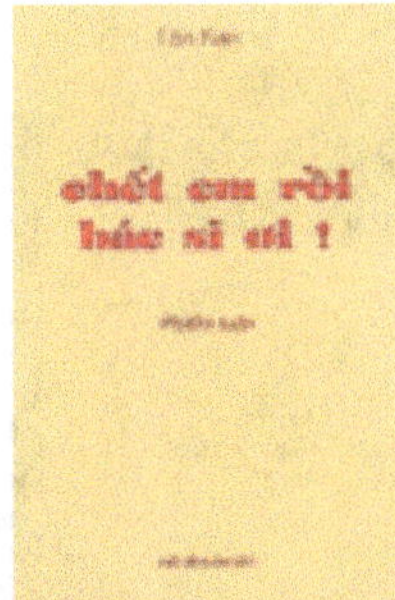
chết em rồi
bác sĩ ơi !

một chút đam mê

Y SĨ TIỀN TUYẾN
NGHIÊM SỸ TUẤN
NGƯỜI ĐI TÌM
MÙA XUÂN

ACROSS
SHINING SEAS
The Mayflowers of 1975
Bilingual Edition

PHẬT BÀ QUÁN THẾ ÂM
NGUYỄN DU và TRUYỆN KIỀU
Trần Ngọc Ninh

TRẦN NGỌC NINH
Y KHOA
ĐẠI HỌC ĐƯỜNG
SÀI GÒN

MỘT SỐ ĐÓNG GÓP VÀO Y KHOA
CỦA TRƯỜNG Y KHOA HÀ NỘI (1940-1952)
và
CỦA TRƯỜNG Y KHOA SÀIGÒN (1954-1975)

Pour que la vie des
"hommes en blanc"
ait plus de sens...
Recueil des écrits du
Docteur Trần Quang Đệ

TRẦN VĂN BANG
Thư mục y giới
văn thi nghệ sĩ

VĂN HỌC
QUÂN ĐỘI

MỸ NHÂN TỰ CỔ
NHƯ DANH TƯỚNG

ĐẶNG NGỌC THUẦN
MẠT CHƯỢC
Dẫn Giải Lý Thuyết và Thực Hành

Thơ
NHỊ THẬP BÁT TÚ

Chương 8
BÁC SĨ NHÀ GIÁO

Sau 50 năm người Việt bỏ nước đi định cư tỵ nạn cộng sản tại các quốc gia trên thế giới, có thể nói nơi đâu nhất là tại các cơ sở tôn giáo như Nhà Thờ hay Nhà Chùa cũng đã có những trường dạy tiếng Việt cho con em Việt Nam với mong muốn duy trì và bảo tồn văn hóa truyền thống cũng như ngôn ngữ Việt để không quên cội nguồn.

Từ từ Cơ Sở Khuyến Học tổ chức bài bản hơn, rồi năm 1999 Trung tâm văn hóa giáo dục Hồng Đức của Bs Lại Thế Hưng khuếch trương quy mô và đa diện, và nay thì tại trường Hồng Bàng và các chùa hay Nhà Thờ.

Cơ Sở Khuyến Học

Bs Lâm Thu Vân chủ trương cùng với BS Đặng Phú Ân khởi đầu dạy tiếng Việt quy củ hơn các nơi thờ phượng tại Montreal

Trung tâm văn hóa giáo dục Hồng Đức

Năm sáng lập:1999

Sáng lập viên: Bs Lại Thế Hưng,

Mục đích: dạy tiếng Việt, văn hóa Việt

Ban giảng huấn: Thiện nguyện viên

Nguồn tài trợ: Đóng góp của các mạnh thường quân vì trường không có trợ cấp.

Địa chỉ: Trường trung học Marianopolis, 4873 Av. Westmount, Westmount, QC H3Y 1X9

Sĩ số: trung bình hàng năm có khoảng 150 học sinh

Lớp học

Lớp việt ngữ: từ lớp dự bị đến lớp 6.

Lớp văn hóa: dạy âm nhạc, hội họa

Sanh hoạt văn hóa: tổ chức lễ Tết, ngày văn hóa ẩm thực (có đến 400 thực khách tham dự)

Sau 20 năm hoạt động, trường Hồng Đức đóng cửa và được trường Hồng Bàng tiếp nối dạy tiếng Việt

Trường Hồng Bàng và các cơ sở tôn giáo hiện nay vẫn duy trì các lớp Việt ngữ mỗi cuối tuần

Trường HỒNG BÀNG, một tổ chức phi lợi nhuận không trợ cấp từ chính phủ. Trường được điều hành qua sự hỗ trợ đầy nhiệt huyết của 9 sáng lập viên, sự tận tụy của nhiều tình nguyện viên và tự tài trợ từ học phí khiêm tốn của trường cùng với sự giúp đỡ của một số nhà hảo tâm.

Chương trình

Lớp Việt ngữ cho trẻ em

Mỗi Chủ Nhật từ 13g đến 15g (trừ những ngày lễ)

Từ 7 tháng 9, 2025 đến 3 tháng 5, 2026

Lớp Việt ngữ cho người lớn

Mỗi Chư Nhật từ 13g đến 15g (trừ những ngày lễ)

Từ 7 tháng 09, 2025 đến 3 tháng 5, 2026

Kết luận 1
KỂ CHUYỆN BÊN LỀ

Khi muốn hiểu sâu xa hơn về một người thí dụ như mấy ông bác sĩ trong Hội thì đời sống dạy chúng tôi quan sát mấy điều sau :

-Nhìn ông bác sĩ làm gì sau giờ làm thiên chức,

-Nhìn những hạt sỏi trong Hội,

-Nhìn văn hóa ứng xử của các hội viên.

1. Làm gì ngoài thiên chức

Muốn hiểu sâu hơn về ông bác sĩ thì hãy nhìn ông ấy làm gì sau thiên chức thí dụ như làm thơ, viết văn, đi dạy tiếng Việt ... (Bs Tôn Kàn, Lại Thế Hưng, Trang Châu, Thân Trọng An, Nguyễn Thanh Bình, Trần Mộng Lâm), hay là làm nghiếp ảnh gia nghiệp dư nhưng tài nghệ và thiết bị chuyên nghiệp như Bs Trần Văn Cương, *« người vô hình »* ghi lại *« ảnh tích »* các sinh hoạt của Hội mà không tự chụp hình mình.

Muốn hiểu thêm 11 bác sĩ trong Ban Chấp Hành và các ủy viên thì thấy chuyện bên lề là các vị này đều làm việc thiện nguyện không lương gồm có :

- 6 y sĩ chuyên khoa của Canada : Thân Trọng An giải phẫu toàn khoa, Nguyễn Hữu Trâm Anh gây mê, Đỗ Quốc Bảo giải phẫu tim mạch, Nguyễn Thanh Bình tiêu hoá, Phạm Đăng Hương tai mũi họng, thêm Đặng Phú Ân tiết niệu tại Saigon...

- 2 giáo sư Đại Học ở Montreal (Nguyễn Hữu Trâm Anh và Trần Thái Hoà), có thể có Bs Đỗ Quốc Bảo nữa, không kể Bs Đặng Phú Ân là Gs Đại Học Y Khoa ở Saigon

- 4 người thuộc giới trẻ ở vị trí quan trọng (Trâm Anh Hội Trưởng, Bảo Phó Ngoại vụ, Nguyễn Thị Thanh Trà Tổng Thư Ký, Thái Hoà Trưởng Khối Giới Trẻ), thủ quỹ Tân

2. Hạt sỏi

Đọc kỹ lại một cuốn tiểu thuyết hay, chúng ta sẽ thấy bao nhiêu chi tiết bị coi như không ý nghĩa đã dựng nên cuốn tiểu thuyết vì vậy mà Tây nó nói : *"Les tout petits détails font un grand roman"*. Nếu nhớ lại khi xem phim Strada của Fellini, Strada có nghĩa là con đường, nó là khởi đầu cho cuộc gặp gỡ giữa những con người cùng cảnh ngộ trên một con đò cũng giống như Hội Y Sĩ là Strada của sự gặp gỡ *"miễn cưỡng"* các bác sĩ tỵ nạn cộng sản tại Montreal. Năm 1975, giao cảm giữa bác sĩ-bác sĩ là Strada dẫn đến thành hình Hội Y sĩ và tình tương thân, tương ái tại hải ngoại. Sau 50 năm, con đường đó được lót bằng cả ngàn cục sỏi, cục sỏi là ***"góc khuất"*** (dimension cachée) của Hội. Nhiều người đã quên lãng vì không nhìn thấy sự hiện diện và ý nghĩa của hòn sỏi trong cuộc đời. Chính các hòn sỏi này đã âm thầm đóng góp xây dựng Strada của Hội, thí dụ như nhiều bác sĩ đóng niên liễm nhiều hơn hoạch định, bỏ thêm tiền túi khi chu toàn công việc của Hội tại Hoa Kỳ, Úc, Pháp thí dụ như các Hội Trưởng Trác, An, Thắng, Ngọc …

3. Văn hóa ứng xử

Trong mỗi quốc gia, văn hóa ứng xử là trọng tâm của nền văn hóa để cho người bên ngoài phê phán nền văn hóa đó. Muốn xem tư cách của ông bác sĩ và truyền thống của Hội Y Sĩ thì chúng ta nhìn văn hóa ứng xử (culture du comportement) trong Hội. Văn hóa ứng xử là sự ứng xử giữa bác sĩ với bác sĩ, giữa bác sĩ với xã hội tạo nên truyền thống của Hội và làm gương cho hậu duệ trong Hội. Dưới đây là chuyện bên lề mà chúng tôi nghe được về cung cách ứng xử trong Hội.

Các bậc trưởng thượng ứng xử kính người trên, trọng người dưới rất tôn trọng truyền thống, đều đồng thanh tình nguyện»*tuân thủ*» điều lệ và Nội Quy dù là bậc Thầy ở Saigon hay chính khách uy quyền ngày xưa. Ví dụ như :

Các bác sĩ bậc thầy như Gs Đào Đức Hoành, Gs Trần Lữ Y, Gs Nguyễn Thế Minh, các Giảng Sư ĐHYK Saigon Đặng Phú Ân, Hồ Quang Nhân, Nguyễn Lương Tuyền, từng chịu nhận làm trưởng ban (thường là học tập) của Hội và đi họp Ban Chấp Hành với học trò cũ của mình

Các bác sĩ chính khách như Tổng Bộ Trưởng Nguyễn Tấn Hồng, Trần Lữ Y, Giáo Sư Thạc Sĩ Giám Đốc BV Bình Dân Đào Đức Hoành, Đại Tá Phạm Vận Cục Phó Cục Quân Y, Trung Tá Lâm Văn Thạch, Trung Tá Phạm Hữu Trác ngày xưa «*hét ra lửa mửa ra khói*» đều tôn trọng tư thế hội viên không nề hà. Một điểm đáng yêu nữa là Thiếu Tướng Vũ Ngọc Hoàn, Cục Trưởng Cục Quân Y rất lâu đời khi liên lạc từ Paris với HYSVNC đều «*thưa gửi*» rất tự nhiên thoải mái vì chữ « *chính danh* » theo truyền thống khổng nho, là «*ai làm đúng phận sự nấy, vua cho ra vua, tôi cho ra tôi, cha cho ra cha, con cho ra con*».

Mỗi khi gặp nhau nhất là ẩm thực thì tiếng cười đùa, vui nhộn tràn ngập trong phòng ăn, ví dụ một vị cựu y sĩ nhảy dù làm chủ tịch nhiều nhiệm kỳ Hội Nhảy Dù Thế Giới, kể chuyện tiếu lâm rất hay, đi đến đâu là nổi đình nổi đám. Một hôm trong một buổi tiếp tân đã bất ngờ thực hiện 2 câu hát trong bài *Người Yêu của Lính* (nhạc sĩ Trần Thiện Thanh) : « *ai đem cánh hoa rừng về tặng em, để thấy cánh sao gần không đẹp bằng hồ mắt giai nhân* » hâm nóng lòng chung thủy như trong tấm ảnh này, khiến phu nhân vì quá cảm động mà nhắm mắt nhận ngay như ngày cầu hôn năm nào !

Kết luận 2
KỂ CHUYỆN BÁC SĨ

Hiện nay thì tất cả chúng ta đều biết ít nhiều về mấy ông bác sĩ Việt Nam tại Montreal; nhưng sau này có thể mấy trăm năm sau, khi bà mẹ dẫn con trai đến y phòng của một ông bác sĩ việt để khám bệnh thì cuốn sách này sẽ giúp bà mẹ có tài liệu kể chuyện cho con nghe về mấy ông bác sĩ tỵ nạn cộng sản trên đất Montreal. Vì vậy mà cuốn sách này là một đóng góp vào tượng đài " *Le conte d'une vie*" được xây dựng bởi hai bác sĩ : Dương Đình Huy, Cấn Thị Bích Ngọc

Tượng đài " *Le conte d'une vie*" (Câu chuyện người vượt biển) biểu tượng cho hình ảnh bà mẹ kể chuyện người Việt quốc gia tỵ nạn cộng sản đã làm gì tại Montreal.

Tượng đài " *Le conte d'une vie*" được Khánh Thành ngày 28 tháng 8 năm 2021 tại công viên Atholstan tại góc đường Laird và Saint-Claire, Mont Royal.

Mô hình của tượng đài mang ý nghĩa:

- *Biểu tượng con thuyền của* **Boat People người việt tỵ**

nạn cộng sản : *Bia tam giác tượng trưng cho mũi thuyền,*

*-Biểu tượng **người mẹ kể chuyện cho con trai mình**, thế hệ sau này, về lịch sử thuyền nhân (Boat People) và mấy ông **bác sĩ tỵ nạn cộng sản tại Montreal** khi dẫn con đến khám bệnh một ông bác sĩ Việt.*

Hai bác sĩ trẻ xây dựng tượng đài:
Dương Đình Huy (thứ hai từ trái)
và Cấn thị Bích Ngọc (thứ tư từ trái)

TÁC PHẨM CỦA LẠP CHÚC NGUYỄN HUY

Sách đã in

2025 Văn nhân Việt Montreal. Nhân Ảnh XB ☺

2024 Đạo Phật XHCN, Nhân Ảnh xuất bản ☺

2023 The philosophy of Caodaism, a bilingual Vietnamese-English edit. Nhân Ảnh XB ☺

2023 Văn hóa ẩm thực, Nhân Ảnh XB (GS Vĩnh Thế Lâm, cựu giáo sư ĐH Vạn Hạnh và University of Saskatchewan, chuyển ngữ dưới tựa đề The Vietnamese culinary Culture, NXB Nhân Ảnh 2023 ☺

2022 Nội chiến văn hóa Bắc Nam 1975-1986 trên đất Việt, Nhân Ảnh XB (GS Vĩnh Thế Lâm, chuyển sang anh ngữ dưới tựa đề Cultural Civil War Between North and South (1975-1986) In Vietnam, NXB Nhân Ảnh 2022 GS Louis Jacques Dorais, professeur émérite của ĐH Laval, Canada chuyển sang pháp ngữ dưới tựa đề Guerre civile culturelle entre le Nord et le Sud au Vietnam (1975-1986), Nhân Ảnh 2023. ☺

2022 Định hình văn hóa Việt (Caracterizing the Vietnamese culture), Nhân Ảnh published. (GS Vĩnh Thế Lâm chuyển sang anh ngữ dưới tựa đề Characterizing the Vietnamese culture, Nhân Ảnh, 2022 ☺

2022 Chuyện lạ nước Việt (Strange stories of Vietnam), Nhân Ảnh published. ☺

2019 Lịch sử Hội Thánh Em, Liên Hiệp Hội Thánh Em (History of the Younger Brother Church), Federation of Younger Brother Church published. ☺

2016 Âm Dương Ẩm Thực, (Yin-Yang eating) TT Seatlle published. ☺

2015 Thiên Thư Tòa Thánh (Holy Book of the Church), Caodai Research Institute published. ☺

2005 Le Caodaïsme (Cao Daiism), Théorie des Trois Trésors et des Cinq Fluides (Theory of Three treasures and Five Fluids), Chân Tâm Publisher, California. ☺

1995 Triết Lý Đạo Cao Đài, (Philosophy of Cao Daiism), Minh Thiện published, Canada. ☺

1994 Văn Hóa Việt (Vietnamese culture), Nắng Mới published, Canada. ☺

1992 Religion et adaptation: les réfugiés vietnamiens au Canada, (Religion and adaptation : the Vietnamese refugees in Canada), Université Laval, Canada. *

1990 Fleur de lotus et feuille d'érable, La vie religieuse des Vietnamiens du Québec, (Lotus flower and the maple leaf: the religious life of the Vietnamese of Quebec). Université Laval, March 1990* ☺

1988 Exile in a cold land, a Vietnamese community in Canada, Yale Center, U.S.A. * ☺

1984 Les Vietnamiens du Québec: profil sociolinguistique, (The Vietnamese of Quebec : sociolinguistic profile), Centre international de recherche sur le bilinguisme, B.136, Québec ☺

1972 Hiện tình kinh tế Việt Nam, 2 tập, (Current economic situation of Vietnam, 2 Volumes), Lửa Thiêng published, Saigon. ☺

Bài khảo cứu

2008 Des poids et des mesures dans les campagnes du Vietnam, (Weights and measurements in the countryside of Vietnam), École française d'Extrême-Orient, (Institut de Recherche sur le Sud-Est Asiatique, T.2, Paris* ☺

1998 Le *Thờ Mẫu*, un chamanisme vietnamien? (Mẫu Cult : a Vietnamese chamanism? Anthropologie et Société, Université Laval, Québec * ☺

1993 De quelques usages du sel dans la culture vietnamienne, (Some usages of salt in Vietnamese culture), Collection Grand Sud N° 4, Prince of Songkhla University, Thaïland ☺

1990 Le caodaïsme, Fleur de lotus et feuille d'érable, La vie religieuse des Vietnamiens du Québec, (Caodaism, Lotus flower and maple leaf, the religious life of Vietnamese of Quebec), Univertsité Laval, March 1990* ☺

1987 Les Vietnamiens à Québec et leurs problèmes d'intégration (The Vietnamese people in Quebec and their problems in adaptation), Centre international de recherche sur le bilinguisme, publication B-164, Canada * ☺

1985 The survival of the Vietnamese language in Quebec, the Vietnam forum No.6, U.S.A. * ☺

1974 Les marais salants de la province de Bạc Liêu, (Salt marshes of the Province of Bạc Liêu), Société des Études indochinoises, T. XLIX. ☺

1968 Les formations latéritiques à Bình Dương, (Clay formations in Bình Dương), Société des Études indochinoises, T. XLIII. ☺

1962 Une agglomération de sampans habités à Saigon, (An Agglomeration of habited sampans in Saigon), C.O.M., T.XV, Bordeaux. * ☺

* Co-author

* Đồng tác giả, ☺ Bán trên Amazon

Nhân Ảnh
2026

Liên lạc tác giả

nguyenhuyquebec@yahoo.ca

Liên lạc Nhà xuất bản

han.le3359@gmail.com

(408) 722-5626

www.ingramcontent.com/pod-product-compliance
Lightning Source LLC
LaVergne TN
LVHW020818061026
849530LV00003B/20
* 9 7 9 8 2 9 5 5 0 8 1 1 0 *